光尘
LUXOPUS

哲学的指引

How to Be a Stoic

Using Ancient Philosophy to Live a Modern Life

斯多葛哲学的生活之道

[意] 马西莫·匹格里奇———著
Massimo Pigliucci
崔知名———译

北京联合出版公司
Beijing United Publishing Co.,Ltd.

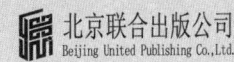

致凯莉·露娜

她的哲学之旅才刚刚起步。

希望哲学能像改变我的生活一样，

让她的生活更美好。

致科琳娜

在她的不断鼓励下，

我通过践行斯多葛哲学让自己成为更好的人。

第一章　曲折之路 / 1
第二章　斯多葛哲学旅行路线图 / 16

第一部　欲望原则：该渴望什么，不该渴望什么

第三章　什么是我们可控的，什么是不可控的 / 29

第四章　顺应自然而生活 / 47

第五章　与苏格拉底一起踢球 / 62

第六章　是神还是原子？ / 76

第二部　行动原则：如何处世

第七章　品格与美德 / 91

第八章　至理名言 / 104

第九章　榜样的力量 / 118

第十章　如何应对生理与心理缺陷 / 133

第三部 认同原则：如何随机应变

第十一章　死亡与自杀 / *151*

第十二章　如何应对愤怒、焦虑和孤独 / *165*

第十三章　爱与友情 / *179*

第十四章　实用行为守则 / *192*

附录　奉行实用哲学的古希腊学派 / *221*

致谢 / *229*

第一章　曲折之路

> 在人生的中途，我发现我已经迷失了正路，走进了一座幽暗的森林。
>
> ——但丁，《神曲·地狱》第一章①

文化可以分成世俗的或者宗教的、多元的或者单一的，而在我们已知的所有文化中，"怎样生活"都是一个格外重要的问题。大到面对生命的变迁、生活的挑战，小到我们的举止言谈、为人处世，都与此相关。此外，我们还必须做好准备，面对"怎样生活"的最终考验——死亡。

在人类历史长河中诞生的不计其数的宗教和哲学，一直试图为这些问题提供答案，它们有的从神秘学角度出发，有的则

---

① 参见 [意] 但丁：《神曲》，田德望译，北京：人民文学出版社，2018年版。

与超理性（hyper-rational）挂钩。如今，随着科技的发展，研究如何才能幸福的学术论文、畅销书铺天盖地，而能知道"你的大脑此刻正沉迷于"某物的强制性扫描，显示着科学也在这个问题的探讨中占据了一席之地。同样，从宗教典籍到参禅悟道，从哲学论述到科学实验，人们试图用来解决这些存在主义问题的工具层出不穷，不胜枚举。

这些方法一方面展示了人类的创造力，另一方面也反映了人们迫切想要探究和追寻以上问题的答案和意义。你可以皈依犹太教、基督教或者伊斯兰教的任意一支教派，也可以选择佛教，或者将道教和儒家思想也纳入考虑范围。如果比起宗教，你更喜欢哲学的话，那么可以转而研究存在主义、世俗人文主义、世俗佛教、道德文化等。当然，最后你也可以得出结论：一切都是无意义的，连寻找这些答案本身都毫无意义，不如去享受"快乐"的虚无主义（是的，确实有这么一种思想）。

而我选择成为一名斯多葛学派的信徒。这并不意味着我就要板着脸，压抑情感。哪怕我很喜欢斯波克先生（出自《星际迷航》，此系列的原作者吉恩·罗登贝瑞曾提到这个人物是基于斯多葛学派创造的），实际上，他代表了斯多葛派信徒最常被人们误解的两种特性。在现实中，斯多葛学派与压抑或隐藏情绪并没有关联——还不如说是它让人们认识到自己的情感、反思其产生的原因，并调节这些情感为己所用。它还教我们认清楚什么是受我们控制的,什么是不受控制的,从而能集中精力在前者上,而不是在后者上浪费时间。更进一步说,斯多葛学派指引我们去践行美德,时刻进行道德上的自省,以自己最好的一面去引导世界。在此书中,我也将解释如何应用这一派学说的方法,包括反思格言与经典理论、阅读发人深省的文字、参禅打坐、冥想,或者进行其他形式的灵修活动。

斯多葛派学说的核心原则是:**我们要意识到并区分自己能掌控和不能掌控的事物。**一些佛教教义也提过这种区别。在这种背景下,斯多葛派信徒常被认为会主动放弃社交生活,但是我们在进一步研读他们的著作以及一些大人物的生平后,就会摒弃这种成见:斯多葛派哲学可以说是一门研究世间关系的哲学,鼓励热爱人类和自然——既鼓励人们聆听自己的内心之声,又鼓励人们敞开心扉,它表现出的这种矛盾感也是吸引我的地方。

我与斯多葛派学说的相遇,并不是发生在去大马士革的路上①,而是我在经历了与各种文化的机缘巧合、人生的起起落落,以及哲学层面的慎重考虑后做出的决定。回想起来,我似乎是命中注定一般走上了信奉斯多葛派学说的道路。我在罗马读高中时就学习了古希腊与古罗马的历史与哲学,但直到最近,我

---

① 据说,保罗在去大马士革的路上看到了耶稣,随后皈依基督。——编者注

才试图让斯多葛派学说成为我生活的一部分。

我目前从事的是科学和哲学研究，因此我倾向于（通过科学）用条理清晰的方式去理解世界，并（通过哲学）在生活中做出更合适的决定，这是符合逻辑的。几年前，我写了一本《回答亚里士多德：科学与哲学如何引领我们过上更有意义的生活》，并在书中构建了一套我称为"科哲"（sciphi）的框架结构。这套构架的基础涉及古典思想中的美德伦理学、现代的自然及社会科学，前者指明我们生活意义所注重的品格发展和个人追求，而后者解释我们为何失败、应该怎样学习。建立这套构架后，我迈出了哲学的自我意识觉醒之旅的第一步。

还有一些事，让我停下脚步进行沉思。我从少年时代便不再信教（一部分原因是我在高中时代阅读了伯特兰·罗素的《我为什么不是基督徒》，并受到启发），因此对于道德的起源和生命的意义这类问题，我一直坚持独立思考。我认为，越来越多的美国人乃至全世界的人都面临着类似的难题。虽然信教和不信教，只是我们的个人选择，我也赞同美国及其他一些国家所推行的政教分离政策，但某些所谓的新无神论者——以理查德·道金斯和山姆·哈里斯为代表——偏执而过激的态度把我激怒了。尽管对于任何观点都能公开评论是一个健康民主社会的基本形态，但面对侮辱和贬低自己的话，人们一般不会有什么好脸色。在这一点上，斯多葛派学者爱比克泰德（Epictetus）

会同意我的观点,并展现出他的幽默:"要是你偏要对着干,说'关你什么事?你以为你是谁啊?',非要硬着来的话,他估计会一拳打在你的鼻子上了。我还真就这么干过,结果可想而知,后来我就不这么做了。"

当然,你也可以用非宗教的方式探讨这个话题,或者尝试用世俗佛教和世俗人文主义的方式。只不过,我两种都没选。佛教的几个主要宗派有点神乎其神,经文晦涩难懂,在我们通过现代科学对世界和人类自身状况有所了解后,再回头来看,更是如此(虽然一些神经生物学的研究证明了冥想有益于心理健康)。而我一直信奉的世俗人文主义,也存在着一些问题:即使它的支持者们努力辩解过,但过于依赖科学和现代意义上的理性让它看起来毫无人情味,很难成为你和你的孩子周末起大早去学习的首选。所以,我认为世俗人文主义的队伍很难壮大。

相反,我在斯多葛派学说中发现了**一种理性的、不排斥科学的哲学**,它同时还包含了一种精神层面的形而上学,并且接受修正,最重要的一点是它非常实用。斯多葛派信徒接受科学中的普遍因果律则:一切皆有缘,宇宙万物皆随着自然规律发展变化。这种逻辑下便容不得鬼神之说了,不过,斯多葛派信徒们相信,宇宙的构架是他们所信奉的"逻各斯"——也被称为"爱因斯坦的神"——安排好的,自然是用理性解释得通的,这是一个简单却不容置疑的事实。

尽管斯多葛派体系的其他组成部分也很重要，但目前最与众不同的还要数它的实用性：这一学派刚开始是借着追寻幸福而有意义的生活而创建的。其实这只是表象，人们一直这么理解斯多葛派哲学不足为奇，毕竟其早期的大部分作品都已经失传，我们现在看到的文本基本上都来自古罗马晚期的柱廊（stoa）讲学（斯多葛学派也因此得名）——这些文本读起来清晰易懂。爱比克泰德、塞涅卡、鲁弗斯、马尔库斯·奥列里乌斯等，这些斯多葛派学者都用通俗易懂的语言和我们交流。这与晦涩难懂的佛经和辞藻华美的早期基督教寓言比起来，简直太亲民了。如果还要说说斯多葛派学说的务实精神，就用我最喜欢的、出自爱比克泰德的名言吧：**"死亡是必不可少的，也是不可避免的。我是说，跑哪儿去能逃得过死亡呢？"**

让我信奉斯多葛派学说的最终原因，是它以最直接、最令人信服的方式道出了死亡的必然性，以及如何去为这种必然性做准备。我最近刚满五十岁，在这个看似随意的人生节点，我开始思考一些更加宽泛的问题：我是谁？我到底在干什么？虽然我不信教，但也该想想怎么为死亡做准备了。现代科学延长了我们的生命，因此越来越多的人发现，除了总结前人的生活经验，还要考虑如何度过退休后的几十年。我们要为这段延长的生命寻求意义，还要找到应对我们自身和所爱之人意识终结、存在消失的方法。同时，我们还要探索如何有尊严地告别人世。

在收获内心平静的同时，也为他人送去一份慰藉。

初期的斯多葛派信徒们，倾注了大量心血研究和探讨塞涅卡提出的"品格和原则的最终考验"。塞涅卡在给朋友加伊乌斯·卢西利斯的信中写道："我们每天都在死去。一个人只有明白了怎样好好赴死，才能知道怎样好好活着。"对于斯多葛派信徒而言，生命是一项持续进行的工程，而死亡是这项工程里符合逻辑的、最自然的终点，死亡这件事既没有什么特别的，也没有什么值得害怕的。我很赞同这种观点，其实，在这之前，我很难接受生与死这两种状态可以平衡的观点，而斯多葛学派做到了——对无法令人信服的永生不抱幻想，也不否定个体的消亡。

在复兴这种古老而又实用的哲学的路上，我并不孤单。每年秋天都有数千人参加"斯多葛周"（Stoic Week）的活动，它的举办方以英国埃克塞特大学的团队为主，参与者汇集了哲学学者、认知治疗师，以及来自世界各地的斯多葛派信徒们。"斯多葛周"的目的有两个：一是向人们普及斯多葛派哲学以及它与我们生活的关系；二是系统性地收集数据，来研究信奉斯多葛派学说是否能改善我们的生活。目前，埃克塞特大学已经取得了初步成果，虽然部分成果还有待验证（"斯多葛周"活动结束后，调查方将采用更复杂的研究和实验方案，也会采集更多的数据和样本），但前景看起来不错。举例来说，在第三届国际

"斯多葛周"活动中，参与者的积极情绪提升了9%，消极情绪下降了11%；一周后，参与者的生活满意度提升了14%（前一年组织团队曾进行长期跟踪调查，并确认了实践斯多葛派学说的参与者获得的感受）。这些参与者似乎也认为斯多葛派学说提高了他们的道德修养——56%的参与者给出了这样的评判。当然，这些结论所参考的样本是有限的，选择参与的人大多对斯多葛派学说感兴趣，并且相信它的一些假设和实践。对于他们来说，短短几天就能看到明显变化，至少能鼓励更多的人关注斯多葛派学说。

  这些结果并不完全令人意外，毕竟斯多葛派学说是很多循证心理疗法的哲学根基，其中包括了维克多·弗兰克尔的意义疗法、阿尔伯特·艾利斯的理性情绪行为疗法等。人们这样评价艾利斯："没有人在现代心理治疗领域比他有更大的贡献，即使是弗洛伊德也不行。"弗兰克尔是从纳粹针对犹太人的大屠杀中幸存下来的，著有畅销书《活出生命的意义》，他打动人心的故事可以作为践行斯多葛派哲学的当代典范。艾利斯和弗兰克尔都承认斯多葛派哲学对他们探寻和发展心理疗法产生了重要影响，弗兰克尔甚至将意义治疗描述为一种存在分析。另一个有说服力的例子则出自海军中将詹姆斯·斯托克代尔的回忆录《爱情与战争》。斯托克代尔将他能在越南战俘营长期恶劣的环境中幸存下来归功于斯多葛派学说（他尤其喜欢读爱比克泰德的作品)。此外,从认知行为疗法(CBT)发展出来的多种多样的实践分支,也和斯多葛派学说有着脱不开的干系。此疗法最初被用来治疗抑郁症,现在被更广泛地应用于各种心理疾病的治疗。《抑郁症的认知疗法》的作者亚伦·T.贝克也承认了斯多葛派学说对他的影响:"认知疗法的哲学起源可以追溯至斯多葛派哲学家。"

当然,斯多葛学派是一种哲学,而不是某种心理疗法。这一点非常重要,因为心理治疗的目的是在短期内帮人克服具体的心理问题,但无法看到全面的情况或者总结出人生的哲学。然而我们都需要人生哲学,也会在有意无意间形成自己的人生哲学。有些人会将自己在宗教中看到的人生教义全然照搬,为己所用;有些人则会在他们人生的路途中创造出自己的哲学,虽然没有经过深思熟虑,他们的行为和决定却能反映出他们对于生活的见解;还有一些人——就像苏格拉底所说的那样——会花时间审视自己的人生,并思考如何能生活得更好。

斯多葛派哲学和其他人生哲学一样,也许并不能得到所有人的青睐,或者说,并不能对所有人都有效。它是一门很严苛的哲学,在它的教义中,道德品格是唯一值得培养的东西;而健康、教育,甚至财富都被认为是"可以不去考虑的"(不过,斯多葛学派不提倡苦行主义,历史上很多斯多葛派信徒也都会享受生活中的美好)。这些"身外之物"无法定义我们作为独立个体的意义，也与我们的品格和善行毫无关系。这样看来，斯多葛派哲学极其民主，跨越了社会阶级的限制：无论你富有或贫穷、健康或病弱、饱读诗书或大字不识，都不影响你过上有教益的生活，并达到斯多葛派所谓的心神安定，也就是内心的宁静。

正因为这种独特性，斯多葛派哲学与其他哲学学派、宗教（佛教、道教、犹太教、基督教等），以及诸如世俗人文主义、伦理文化等现代运动都有着千丝万缕的联系。而最吸引我这个非宗教人士的一点是，斯多葛派哲学的包容性，它与世界上其他主要的道德传统有着一致的态度和目标。这种共性不仅让我对之前批评过的新无神论采取了更加强硬的抵制态度，也让其他宗教人士远离了有毒的原教旨主义——正是这些思想在近代历史中残害着我们。对一个斯多葛派信徒来说，当一个人可以适当地而非狂热地抛开身外之物，并意识到体面的生活、品格的培养和对他人的关爱（还有对大自然的关爱）息息相关时，那么我们到底是把逻各斯当作上帝还是当作自然就不重要了。

到这里，我们还有一些问题没有解决，而我接下来将会和读者一起在这本书中对这些问题进行探讨。说起来，最初的斯多葛派哲学是一门综合性哲学，它不仅包含了伦理学，还包含了形而上学、自然科学，以及一些逻辑学和认识论（一种知识理论）的具体方法。斯多葛派信徒认为，这些是他们哲学思想的重要部分，因为他们丰富并揭示了这一学派的关键：如何生活。也就是说，为了找到更好的生活方式，我们需要了解世界的本质（形而上学）、世界的运作规律（自然科学），以及我们如何（不完美地）去了解这个世界（认识论）。

不过，很多古代斯多葛派学者提出的概念不得不给现代科学和哲学让路，这个古老的学派也需要做到与时代同步。举例来说，威廉·欧文在他的《像哲学家一样生活：斯多葛哲学的生活艺术》一书中就提过，斯多葛派哲学用来区分我们能控制和不能控制的事情的标准过于严格了：除了我们的思想和态度，有些事情是我们可以影响的，更进一步说，在某些情况下是必须去影响的——直到我们无法再动用自身能力产生影响为止。可以说，斯多葛派信徒对于人类对自身思想的控制力有点过于乐观了。现代认知科学显示，在认知偏差和妄想面前，人们常常会变得无可奈何。但在我看来，这种认识反而强调了斯多葛派哲学的观点——我们应该训练自己的德行和正确的思维方式。

最后，斯多葛派哲学最有吸引力的特征之一是，它开放并接纳对于其信条的挑战，并根据这些质疑修正自身的信条。也就是说，斯多葛派哲学是一种开放式的哲学，随时准备接受其他学派（比如古代所谓的怀疑论者）的批评以及新的发现。就像塞涅卡说过的一句名言："在我们之前有所发现的人并不是我们的主人，而是我们的向导。真理会对所有人敞开大门；它并没有被垄断，还有很多部分等着后人去发现。"在充斥着原教旨主义和死板教条的当代社会，这样一种可以随时修订的世界观充满豁达开放的态度，让人深受鼓舞。

由于以上原因，我决定将斯多葛派哲学作为我的人生哲学，进行探索和研究，在可能的条件下补充完善，并与信奉此派学说的人分享。其实说到底，斯多葛派哲学也不过是人类创造的又一条曲折的道路，以建立条理更清晰的世界观来认识世界、认识自我，以及认识我们如何在更广阔的地方找到自己的位置。这样的眼界应该是我们共同的需求，在本书中，我将尽我所能，带领读者踏上这条古老而又现代的道路。

坦白地说，我在探索斯多葛派哲学的道路上也仅仅是个新手，因此我需要一个更专业的引路人，解答关键问题，避免最常见的错误，带领我走上启迪之路。当但丁踏上创造《神曲》的精神之旅时，他幻想自己突然在一片幽暗的森林中迷失了方向，不知前路在何方。更可怕的是，他发现自己来到了（想象中的）地狱之门，即将坠入其中。不过，非常幸运的是，他有一位可靠的导师——罗马诗人维吉尔——为他指引前路。我们即将踏上的旅程或许并不是地狱之旅，这本书也不是《神曲》，然而从某种程度上来说，我们也有所迷失，而且也像但丁一样需要一位导师。我为大家选择的引路人是我在探索哲学时遇到的第一位斯多葛派信徒——爱比克泰德。

爱比克泰德出生于约公元55年的希罗波利斯（今土耳其棉花堡）。"爱比克泰德"并不是他的真名，其真名已经无从得知。"爱比克泰德"在希腊语中的意思是"买来的"，这意味着他是个奴隶。他的主人爱帕夫罗迪德是一位富有的自由民（曾经也是奴隶），是尼禄皇帝的书记官。爱比克泰德在罗马度过了他的青年时代。他跛脚，可能是先天缺陷，也可能是在当奴隶时被主人打残了。但不管怎样，爱帕夫罗迪德给了爱比克泰德很好的爱护，并且允许他师从罗马最有名的老师鲁弗斯学习斯多葛派哲学。

尼禄皇帝在公元68年离世后，爱比克泰德的主人赐予了他自由。在罗马，奴隶主常会赐予天资聪慧又有文化的奴隶自由。爱比克泰德随后在罗马帝国的首都创办了自己的学校，并一直在那里授课，直到公元93年罗马皇帝图密善下令驱逐首都所有的哲学家为止（大部分哲学家，尤其是斯多葛派信徒，多少都受到过罗马皇帝们的迫害，这其中以维斯佩基安和图密善的迫害最为严重。这些哲学家不是被处死，就是被流放——塞涅卡就是在尼禄皇帝统治末期被处死的，而莫索尼乌斯曾被两次流放。斯多葛派哲学家们的特点是敢于挑战权贵，直谏真言，因此为那些独裁者所痛恨，必除之而后快）。

后来，爱比克泰德将他的学校搬到了希腊北部的尼科波利斯，并在那里多次接受了哈德良皇帝的拜访（这位皇帝是古罗马所谓的"五贤帝"之一，这其中的最后一位贤帝是马可·奥勒留，他是历史上最有名的一位斯多葛派信徒）。爱比克泰德作为教师的声望很快传开了，并吸引了大批知名的学生，这其中就包括尼柯米底亚的亚利安，也正是他后来记录了爱比克泰德部分授课的内容，并将这些内容整理汇编成册，即我们今天所看到的《爱比克泰德论说集》（以下简称《论说集》）。我在本书中将会以《论说集》为基准，带大家一起探讨斯多葛派哲学。爱比克泰德终身未娶，不过他在晚年时期与一位女性共同生活，并收养抚育了一位友人的孩子，最终于公元 135 年离世。

　　这是一位多么卓越的人物啊！一个跛脚的奴隶接受了教育，获得了自由，还建立了自己的学校，被一位皇帝流放，却因相同的信仰与另一位皇帝交好，并且在暮年无私地养育了一个年幼的孩子，一直活到了当时十分罕见的八十岁高龄。最重要的是，作为一名教师，他说出了一些在西方，甚至是全世界都极为响亮的话语。可以说，爱比克泰德是指引我们探索斯多葛派学说的最佳人选，这不仅仅是因为他是我遇到的第一位斯多葛派信徒，还因为他心思缜密、才华横溢、洞察敏锐，还有点黑色幽默。我与他在很多重要观点上意见相左，这也给了我机会来阐释斯多葛派哲学巨大的灵活性，以及此学说能适应不同时代和地区——既适用于公元 2 世纪的罗马，也适用于 21

世纪的纽约。

那么，让我们一起通过爱比克泰德的语录与他对话，进而探索斯多葛派学说吧！我们探讨的话题将会包括上帝、碎片化背景下的世界主义、对于家人的关怀、我们自身人格的拷问、愤怒和缺陷的管理、自杀道德与否等等。我们在探讨爱比克泰德的同时，也会提及一些古今其他斯多葛派哲学家的观点作为补充。我甚至会偶尔反驳我们这位导师的观点，用现代哲学和科学的观点来探究斯多葛派哲学在当代环境下是一副什么样的面孔。这一切都是为了回答我们最关键的问题：我们怎样生活？

第二章 斯多葛哲学旅行路线图

> 归根结底,美德的目的除了使人生平顺,还能有什么呢?
> ——爱比克泰德,《论说集》1:4

每当我去一个陌生的地方,都会带上一份当地的地图。这样我就能知道我要去哪儿,最好别去哪儿,以及这一路上将会经历的事情。本章既是斯多葛派哲学概况的地图,也是构建本书其余部分指导原则的概要,因此读完本章后,相信你一定能够很好地体验这次旅行。我认为,在没有深入了解一门哲学或者宗教(或者任何复杂的概念)蜿蜒曲折的发展历程之前,我们很难钟情于它们。所以,让我们先来仔细了解一下斯多葛派哲学的历史吧,或许你在之后的日常生活中还能用得上它呢。

第欧根尼·拉尔修在《名哲言行录》一书中提到,斯多葛派哲学起源于公元前 300 年的希腊雅典。生于基提翁(位于今塞浦路斯）的腓尼基商人芝诺据说有两大爱好：吃青皮无花果和晒日光浴。一次，他乘坐一艘载有紫色染料的商船从腓尼基前往比雷埃夫斯，途中遭遇海难。所幸芝诺逃过一劫，此后便对哲学产生了兴趣。他移居雅典，并在一家书店坐下来静心读书，那年他30岁。当读到色诺芬的《回忆苏格拉底》第二部时，他好奇地向书店老板询问哪里能找得到像苏格拉底这样伟大的人。恰巧就在当时，克拉特斯（一位犬儒学派哲学家）从书店路过，于是老板指着克拉特斯对芝诺说道："跟着那个人吧。"

芝诺还真的追随了克拉特斯，并拜他为师。他从他的新老师那里学到的第一件事就是，不要为没有必要羞愧的事情感到羞愧。一次，克拉特斯递给芝诺一满罐小扁豆汤，让他端着走。接着克拉特斯又亲自将罐子打碎，这让芝诺羞愧万分，立刻逃跑了。他的老师则在背后喊他："腓尼基小伙子，你跑什么？没什么可怕的啊！"芝诺在克拉特斯和其他几位哲学家那里学习数年后，有了足够的信心自立门户。最初，他的追随者们被称作"芝诺派"，由于他们通常都在市中心的彩色柱廊集会讲学，这个学派因此得名"斯多葛派"[①]。任何人都可以来听芝诺讲学，他的课题涵盖了人文与人性、法律、教育、诗歌、修辞学、伦理学等许多领域（虽然芝诺留下来的作品寥寥无几，但是第欧

[①] "斯多葛（stoa）"原意为"柱廊"，斯多葛学派也被称为柱廊（porch / stoa）哲学。（若无特殊说明，均为译注）

根尼·拉尔修将他所著的书名汇集了下来，我们才因此得以了解）。芝诺很长寿（据说活到了98岁），而对于他的死因有两种说法：一种说他是摔死的；另一种说他觉得自己浑身疼痛，无法再对社会做出贡献，便绝食自杀了。

继芝诺的学生、斯多葛派的第二位领军人物克里安西斯之后，哲学史上出现了另一位关键人物——来自索利的克利西波斯。在转行研究哲学之前，克利西波斯曾是一名长跑运动员。他写了太多本书，内容包罗万象（第欧根尼·拉尔修提到他所著书目的数量：705本！真是不可思议），而且更重要的是，他还为斯多葛学派输入了大量的新鲜思想，以至于人们常说："没有克利西波斯，斯多葛学派或将不复存在了。"

斯多葛学派并不是横空出世的。早期的斯多葛派学者受到了很多先前的哲学学派以及思想家的影响，这其中以苏格拉底和犬儒学派，以及学园派（柏拉图的追随者）为最甚（关于不同哲学流派的介绍详见本书附录）。斯多葛学派花费了大量时间与对立学派，尤其是和学园派、漫步学派（亚里士多德的追随者）以及伊壁鸠鲁学派的学者们进行激烈的辩论。例如，爱比克泰德在《论说集》里花了整整三章来反驳伊壁鸠鲁派学说。以上这三个学派都是"研究幸福的学派"——就是说，他们的目的都是试图找到使人们生活得更好的方法。漫步学派、犬儒学派、斯多葛学派注重美德培养，伊壁鸠鲁学派、昔勒尼学派提倡享乐。此外，有的学派（学园派）对形而上学感兴趣，而怀疑论者则热衷于"人类知识局限性"的研究。不过，所有以上学派的目标都是相同的："幸福"生活。

这种各学派百家争鸣相持不下的情况一直持续到公元前155年，那年发生了一件古代哲学史上的大事：斯多葛派（巴比伦的第欧根尼）、学园派、漫步学派的领袖们被选为使者，代表雅典与罗马举行政治协商会谈。这些哲学家前往罗马共和国的首都，请求罗马减免三年前因雅典劫掠罗马庇护下的小镇奥洛普斯而向其征收的罚款。这些雅典哲学家的到访给罗马带来的文化冲击远超其外交上的意义：他们在罗马举办的演讲座无虚席，给相对保守的罗马社会体制造成了不小的冲击，使罗马人开始对哲学产生兴趣。

在这之后的公元前88至前86年间，两位哲学家——漫步学派的阿泰尼奥和伊壁鸠鲁学派的阿利斯提昂——先后在雅典独揽大权（想象一下，哲学家成了独裁者）。不过，他们在执政时犯了一个决定性的战略错误——和国王米特拉达梯联手对抗罗马人，结果这个战略同盟以失败告终，并使雅典沦为万劫不复之地。同时，这场浩劫也宣告了雅典这座庄严哲学之城的终结，不久，各学派的领袖人物纷纷动身移居到了更为安宁的地方，像罗德岛、亚历山大等地，更多人则直接移居罗马。这也成为西方哲学史上的一个关键转折点。

这个过渡时期，也就是斯多葛学派的第二个阶段，被称作"中期斯多葛"。伟大的罗马演说家西塞罗曾对斯多葛学派表示同情，我们对初期及中期斯多葛学派的了解主要来自于他。随着尤利乌斯·恺撒的去世及屋大维·奥古斯都的崛起，罗马共和国最终演变成了罗马帝国。在这个时期，斯多葛学派极受追捧，异军突起，成为主流学派，被称作"晚期斯多葛"。当时活跃的是一些著名的斯多葛派学者，包括盖乌斯·莫索尼乌斯·鲁弗斯（爱比克泰德的老师）、塞涅卡（尼禄皇帝的顾问）、爱比克泰德，以及马可·奥勒留等，他们的著作因此被大量保存下来。

公元 312 年，当君士坦丁大帝赋予基督教合法地位后，斯多葛学派及一些其他学派开始走下坡路。最终，拜占庭皇帝查士丁尼于公元 529 年关闭了柏拉图学园，古希腊－罗马哲学传统就此终结。尽管如此，斯多葛学派的理念还是通过许多受其影响的历史人物（包括批判这个学派的人）的著作流传至今。这些人物包括了一些早期基督教会的教士，如奥古斯丁、托马斯·阿奎那、高德诺·布鲁诺、托马斯·莫尔、伊拉斯谟、蒙田、弗兰西斯·培根、笛卡尔、孟德斯鸠、斯宾诺莎等。现代存在主义，以及新正统教派理论也或多或少受到了斯多葛学派的影响。而在 20 世纪，斯多葛派学说于"二战"后复苏，正如前文所提到的，弗兰克尔的意义疗法、艾利斯的理性情绪行为疗法，以及认知行为疗法的庞大体系都深受这一学派的启发。

尽管斯多葛学派从一诞生即被定义成一种非常实用的哲学，但如果没有理论框架支撑的话，就不能称其为"哲学"了。这个理论指的是，为了过上美好生活（幸福论意义上的），人们需要了解两件事：世界的本质（引申来讲，包括一个人在世界中的位置），以及人类理性的本质（也包括失去理性，因为这种情况还挺常见的）。

古代的斯多葛派学生可能会通过钻研物理、逻辑学、伦理学而达到这些目标，尽管这些术语所代表的含义可能与我们今天不太一样。斯多葛学派的"物理学"研究的是世界的运行规律，其中包括了我们今天所说的自然科学，以及形而上学（现在是哲学的一个分支），甚至还有神学（斯多葛派信神，不过他们信奉的是在宇宙中无处不在的物质层面上的"神"）。斯多葛派的"逻辑学"包括了我们今天所说的逻辑学的内容——形式推理研究，古代斯多葛派学者们在这方面做出了很大贡献。此外，它也包含了现代知识论（研究知识的理论）、修辞学（研究如何最有效地向他人传达自己的想法）、心理学（着重研究人类心理如何变化，以及在何时、为何无法运作）。

斯多葛派学者并不是为了物理学和逻辑学本身而去研究它们的——这种态度与早前的苏格拉底相似，但又有别于和他们同时期及他们之后的很多哲学家——他们感兴趣的并不是理论本身。**如果哲学无法对人类生活做出贡献，那么它就一无是处。**不过说到底，物理学和逻辑学究竟要怎样，才能和"如何过上美好生活"这一斯多葛派伦理学的研究对象联系起来呢？为了搞清楚这个问题，我们要先知道"伦理"和"道德"这两个词的来源。"伦理"来自希腊语 êthos，与我们对人格的定义相关；"道德"则来自拉丁语 moralis，与习惯和风俗相关。实际上，moralis 正是西塞罗对于希腊语 êthos 的翻译！因此，斯多葛学派的基本观点也由此而来：**如果不了解一些物理学和逻辑学，那么培养高尚的品格和良好的习惯也就无从谈起了。**

斯多葛学派用了几种借喻来阐述他们的观点，其中最为精粹的要数克利西波斯的花园。据说花园里的果实象征着伦理，要收获美味的果实，就必须给予植物充分的养料；因此花园的土壤就是物理学，让我们了解自身所生活的世界。此外，我们还需要给"花园"围好篱笆，使其免受不必要的破坏及影响，不然花园中将会杂草丛生，园中植物将无法开花结果；因此，这道篱笆就是逻辑学，它能将坏事挡在我们的道路之外。

关于斯多葛学派在这三个研究领域的重要性，我们的朋友爱比克泰德给出了他独特的见解：

> 想成为一个优秀且高尚的人，必须从三个方面训练自己。第一个方面考虑要得到的和要回避的，人们必须训练

自己，得到自己该得到的，避开自己该避开的。第二个方面要考虑行动的冲动和不行动的冲动。简而言之，就是要把握度：我们行动前要再三考虑，小心谨慎，循序渐进。第三个方面则是让自己不要轻信受骗，不随意评判，而这一点和认知有关。

以上三点常被称为**斯多葛派三大原则：欲望、行动和认同**。他们与三大研究领域及四项美德（之后会详细讨论）有直接关系，具体关系如下：

这幅图涵盖了斯多葛学派的许多思想，掌握这幅图是了解斯多葛学派的捷径。首先，欲望原则（也被称为"斯多葛式接受"）告诉我们追求什么是合适的、追求什么是不合适的。之所以这么说，是因为有些事情在我们的能力范围内，有些则不

```
┌─────────────────────────────────────────────────┐
│   欲望            行动             认同          │
│ （斯多葛式接受） （斯多葛式慈善） （斯多葛式正念）│
│     ↕              ↕                ↕           │
│   源自           源自             源自           │
│  **物理学**      **伦理学**       **逻辑学**     │
│     ↕              ↕                ↕           │
│   美德：         美德：           美德：         │
│ **勇气、节制**   **正义**      **实用的智慧**    │
└─────────────────────────────────────────────────┘
```

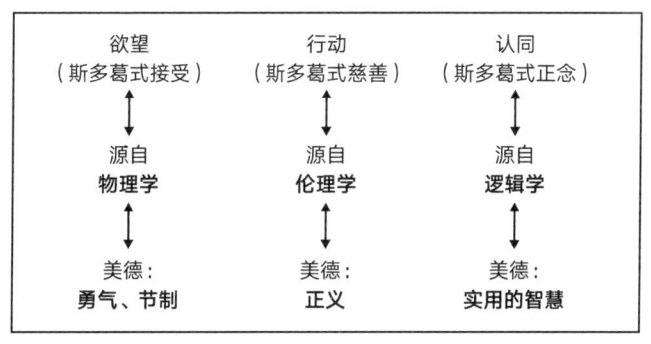

图 2-1 斯多葛派三大原则（欲望、行动、认同）、三大研究领域（物理学、伦理学、逻辑学）以及四项基本美德（勇气、节制、正义、实用的智慧）之间的关系

在。我们从这个世界的运作规律中能感受到这种区别,而那些没有受过物理学熏陶的人可能会产生错觉,认为他们能掌控自身能力之外的事物(也就是说,他们太理想化了)。在四项斯多葛派美德中,有两项与欲望控制有关:(面对事实并能采取相应行动的)勇气和(控制欲望,使其与我们的能力相匹配的)节制。其次是行动原则(也叫"斯多葛式慈善",意为对他人的关心)告诉我们如何为人处世。这项原则源自对伦理学的充分理解,也就是研究我们该如何生活,并取决于正义的美德。最后,认同原则(或称为"斯多葛式正念")告诉我们如何应对各种状况,也就是对我们的第一印象持认同或者否定的态度。理解这项原则源自对逻辑学的学习研究——什么是合乎情理的,什么是不合乎情理的——也需要实用智慧的美德。

  本书将会围绕着这三大原则进行讨论。在本书的第一部分,我们将从欲望谈起——追求什么是合适的,什么是不合适的——通过学习斯多葛派的基本原理来研究什么是我们可控的、什么是不可控的,并从中为我们构建一套有用的系统,指导我们如何在人生中做出关键选择。到时候,我们就会了解,为什么斯多葛派哲学家认为我们要"遵循自然",也就是要了解人类的天性,以及我们在宇宙中的位置;打个比方,和苏格拉底一起,以合适的角度和眼光来看待我们所拥有或缺失的身外之物(财富、教育),更好地去生活;探究斯多葛派信徒如何看待上帝和宇宙的目的。

在本书的第二部分，我们将会详细探讨行动原则，或者说我们要如何为人处世。我们将会了解到：为什么斯多葛派信徒认为，不论在什么环境下，品格都是最重要的；为什么他们认为人们并不是一心向恶，而是因为对世界错误的认知而做出了可怕的事情；为什么他们认为人生榜样是我们教育和启蒙很重要的一部分，以及如何选择好的榜样；斯多葛学派是如何帮助人们——尤其是那些深陷生理或精神障碍的人渡过难关的。

在本书的第三部分，我们将研究认同原则，或者说我们如何找到应对各种情况的最佳方法。这项原则与我们日常碰到的问题息息相关，比如愤怒、焦虑以及孤独，不过它也和我们生活中积极的方面密不可分，比如友情和爱。我们将会看到，斯多葛派信徒是如何做好准备去迎接死亡的，也会去探索他们对于自杀这个敏感问题复杂又微妙的看法。最后，我会带大家学习一遍我选择的 12 个行为守则，助你成为一名斯多葛派学生，成为一个你所能成为的最好的人。

第一部

欲望原则:该渴望什么,不该渴望什么

第三章　什么是我们可控的，什么是不可控的

> 我们必须充分利用我们可以掌控的事物，其余的顺其自然。
>
> ——爱比克泰德，《论说集》1:1

1990 年，我来到美国，当时的我对美国文化并不了解——除了成长过程中看过一些意大利语配音的好莱坞电影和电视节目。我的一位好友建议我进行一些特殊方式的学习，于是我决定从阅读库尔特·冯内古特的短篇小说开始。

《五号屠场》出版于 1969 年，是一本奇书。主人公比利·皮尔格林发现自己被一帮"特拉法马铎人"（可能是他自己想出来的）绑架了，并把他与另一名地球人——成人影星蒙塔娜·怀尔德哈克——一起关在了动物园里。特拉法马铎人能穿梭于四

维空间——通常的三个维度再加上时间维度——这给了他们可以回到生命中任何时刻的能力。比利从他的俘获者那里学到了这项技能，并利用它来讲述自己生命中重要的时刻，包括同盟国在"二战"末期轰炸德累斯顿这一饱受争议的事件。

在阅读《五号屠场》时，我读到了以下这段话，它被装裱在比利的验光办公室中，也被刻在蒙塔娜的盒式吊坠里：

> 上帝赐予我接受我无法改变之事物的平静，改变可改变之事物的勇气，以及区分这两者之不同的永恒智慧。[1]

当然，这段"安宁祷文"几乎囊括了比利在全文中的使命：他极其渴望安宁，同时认为他可以通过接受自己无法改变过去，只能左右当下的事实来达成此目的。认识到这一点需要勇气——不是那种用来上战场的勇气，而是一种更微妙的，或者说更加重要的，能让你过上你所能过上的最好生活的勇气。

现代版的"安宁祷文"由美国神学家霍尔德·尼布尔所作。他早在1934年布道期间就曾用过这篇祷文。如今，这篇祷文因被戒酒互助会以及其他使用12步疗法[2]的组织采用而为人熟知。

---

[1] 引文采自[美]库尔特·冯内古特《五号屠场》，虞建华译，郑州：河南文艺出版社，2022年版。

[2] 通过一套规定指导原则来治疗一些特定行为习惯的项目，由匿名戒酒互助会（Alcoholics Anonymous）发起。

不过，在各个国家、各种文化中都能找到它的影子。11世纪的犹太哲学家所罗门·伊本·盖比鲁勒曾经说过："他们说：在所有认识形成之前，要认清某物是什么，某物不可能是什么，并从心底放下我们无法改变的事情。"公元8世纪的印度佛教学者寂天也写过类似的话："如果困难来袭时有办法解决，那么有什么可沮丧的呢？如果没有办法解决，愁眉苦脸又有什么用呢？"

甚至，还有更古老的说法："最大限度利用我们所能掌控的事情，其余的顺其自然。有些事情我们能做主，有些事情不能。我们的看法、冲动、渴望、厌恶……简而言之，我们的所作所为，是可控的。肉体、财产、名誉、公职……我们的身外之物，是不可控的。"这段话出自爱比克泰德的《手册》（*Enchiridion*）的开篇。由于这一观点是爱比克泰德学说的基础，对于始自芝诺的斯多葛派哲学体系至关重要，那么就让我们从仔细研究它开始斯多葛派哲学的探索之旅吧。

上文提到的这些学说之间的相似性显示了斯多葛派学说的广泛性，即使常被我们忽略，也隐没不了它已经传播了二十几个世纪的事实。此外，斯多葛派学说的一些重要概念也出现在其他一些哲学和宗教传统中，例如犹太教、基督教、佛教、道教等。这些相似性部分来自学派之间的相互影响，部分反映出了世间智者对于人类生存的考量最终殊途同归。虽然本书主要探讨的是斯多葛派学说，但我们会频繁遇到那些在不同时期和不同文化中被人们提出、重新发现、加以验证的观点。因为这些观点确实经受住了时间的考验，能将它们用于我们的生活中也是一种明智之举。

几年前，我重读了冯内古特的小说，在古罗马广场上散步时，脑中回想着我智慧的朋友爱比克泰德的话，突然发现了一个问题：他在一些地方做了太多让步，有些地方又做得不够。爱比克泰德认为，我们的看法、冲动、欲望、厌恶是我们自己可控的，而身体状况、财产、名誉及公职是我们不可控的。我想对他说，这种观点有些偏颇。一方面，在阅读、聆听、讨论的过程中，自己的看法会受到他人影响。而一个人的冲动、欲望、厌恶，多数时候都只是一种本能反应，而我们具备的只是避免将这种反应转化成行动的自制力罢了（比如说，当我被橱窗里诱人的冰激凌吸引了注意力时，我并不太想吃它，毕竟这对我的腰围不是很友好，所以我就忍住了没买）。另一方面，我当然可以通过健身和健康饮食来调整好自己的身体；我可以在经济条件允许的范围内决定买什么；而通过和同事、同学、朋友、家人的和睦相处，我的名誉就更是我可以控制的了。此外，即使我没有担任任何公职，就算我要去找一个这样的职位，是否去竞争候选人，是否为自己拉选票，做这些决定的也是我自己。

就在我缠着斯多葛学派的大师夸夸其谈的时候，突然意识到这是因为自己生活在21世纪故而妄自尊大了。我说的这些，爱比克泰德肯定都知道。他想表达的应该不会局限于字面意思。我也不知道为什么自己这么惊讶，毕竟解读任何文字都需要了解其所处的背景。人们需要一位向导来提供这些背景信息，而幸运的我在散步时就有这么一位最佳人选陪伴。于是我问他："您对我这些反对意见怎么看？"爱比克泰德像往常一样用比喻回答了我："我们就像在海上航行一样，我们能做什么呢？我能做的是挑选舵手、水手，决定起航的日期。接着，海上出现了暴风雨，这又与我何干呢？我能做的都已经做了，剩下的就看舵手的了。如果天气不适合航行，我们焦躁不安地坐着，四处张望，我问：'现在吹的是什么风？'舵手回答：'北风。'我们能做些什么呢？'什么时候吹西风啊？''该来的时候会来的，先生。'"

从爱比克泰德这个比喻中，我们清楚地看到，所谓的斯多葛式控制二分法——有些事情我们能控制，有些则不能——其实意识到了我们可以对世界产生三个层面的影响。首先，我们会做出一些决定，定下一些目标（航海），以及为实现这些目标找到最好的方法（经验丰富的舵手和水手）。其次，我们需要意识到，并不是做出选择之后就一定能够实施相应的行动。这好比，我们选择的舵手很可能在起航当天抱恙，或者我们发现根本请不起他。最后，某些因素也会超出我们所能控制的范围，例如风的方向和强度。

无巧不成书，在写这本书的时候，恰如爱比克泰德的比喻，我也遇到了一件可怕的事。当时我和我的兄弟一起从罗马乘飞机去伦敦参加一个哲学音乐节。在我们的旅程中，有很多事情是我们可控的：我们做出了"去音乐节"的决定，同意搭乘组织方指定的航班（给我们提供了特定的飞机和"舵手"）。就当我们降落在盖特威克机场时，发生了一件我们完全无法控制的事情。当时我们离地面非常近，甚至能清晰地看到机场的跑道，飞机的引擎发出巨大的轰鸣声，我们感到飞机猛烈加速后，突然停止了降落，反而开始迅速爬升。这可不是好兆头，但飞行员表现得非常冷静。他用广播通知乘客，由于机场限流，我们需要掉个头，重新着陆。后来证明这不过是一种委婉的说法，因为当时有架飞机还停在我们准备降落的跑道上，我们的飞机差一点就砸在它头上了，而且控制塔完全没有注意到这一点！幸亏飞行员的迅速反应和飞机的强大引擎，我们才有惊无险，逃过一劫——而这两个因素哪个都不受我们控制。我能知道到底发生了什么，完全是因为我那靠窗的邻座告诉了我他发现的情况。不可思议的是，在这起事件中，我一直保持着惊人的冷静，因为我经常会幻想在旅行当中发生一些危险的事情。"该来的时候会来的，先生。"老哲学家又说中了。

爱比克泰德的一个重要观点是，我们总会花太多时间，去担心一些自己无法控制的事情。而斯多葛派学说则提倡我们更多地去关注那些我们可以控制或施加影响的事情：确保踏上的航程是我们真正想去的，并且有充分的理由；多花些时间进行调查，为我们的船（飞机）选择最好的船员（航空公司）；在出发前做好相关准备。我从斯多葛派哲学中学到的第一课就是，把时间和精力花在我们力所能及的事情上，剩下的交给宇宙吧。这样不仅能帮我们节省精力，还能省去很多烦恼。

另一个来自西塞罗的斯多葛式比喻，也能帮我们理解这个观点。想象一下，一名弓箭手准备射中一个目标。西塞罗解释说，这名弓箭手决定了训练的次数和强度，他可以通过距离和目标来选择自己使用的弓和箭，他尽最大努力瞄准目标，并且选择最合适的时间放开弓弦。换句话说，如果他是一个勤勉认真的弓箭手，那么他已经做到了在放箭之前所能做到的最好了。那么现在，问题来了：他能射中目标吗？很显然，结果并不受他控制。

原因是，一阵突如其来的风就可以改变箭的轨迹，致使它完全偏离目标。或者突然有什么别的东西出现，比如说一辆经过的马车，恰好挡在了弓箭手和目标中间。还有，目标本身也有可能突然挪开——尤其当它是一位敌军战士时。因此，西塞罗才会得出这样的结论："期望射中目标这件事是可以选择的，但不可强求。"这听起来有点含糊，不过它所表达的含义很清晰：斯多葛式弓箭手经过缜密准备，竭尽所能想射中目标，但他也可以坦然接受出乎意料的结果，因为结果永远不会完全在他的掌控之中，其他变数会介入——我们决定做的任何事也都可能出现这种情况。

在与大师跨越时空对话时，我突然意识到，爱比克泰德教给我的道理能在生活中的各个方面发挥作用。例如，想象一下我们对自己身体的"控制"程度。我从小就一直在和自己的体重做斗争，也因为较为圆润的体形在学校里被人欺负。这使得我整个青少年时期都很没安全感，尤其是在与人际关系相关的事情上，更别提跟女孩子相处了。虽然时间渐渐磨平了我的一些顾虑，但体重仍然是困扰我的问题之一，并且会一直持续下去。在这里，斯多葛派学说就显得很有用了。首先，我无法控制我的基因（这是我父亲的精子和我母亲的卵子一次随机相遇所产生的结果），也无法控制与之同样重要的早期成长环境（我是跟着祖父母长大的，小的时候基本上他们给什么我就吃什么，一顿吃多少、一天吃几顿，都是他们决定的）。作为一名主攻先天与后天研究的生物学家，我认为我可以一再强调，我们的习惯是在基因、婴儿和儿童时期的相互影响下形成的。

当然，我不认为这是我们无止境地抱怨和自暴自弃的理由。长大成人最关键的一点就是我们可以更好地掌控自己的生活，包括决定我们吃什么、吃多少、什么时候锻炼、锻炼的强度等。虽然可能错过了最佳时机,但我从 15 年前就决定坚持适当的锻炼,以此来保持我的肌肉含量和有氧代谢能力。也是在同时期,我开始学习一些基础营养学知识、留意食品成分表,平时也会注意合理饮食。我可能比想象中还要频繁地注意了这些事项,它们带给我的结果也非常积极:我变得更健康了,气色看上去也变好了,而外观上带来的改变也让我的心理变得更健康了。但我仍然没有——也永远都不会有——像有些人那样的修长身材,这些人很可能天生就拥有那样的身材,或者是通过不懈努力(当然,也是在他们的基因和早期成长环境的推动下)获得的。这个曾经让我饱受困扰的问题,如今已经不复存在了。我现在已经基本将斯多葛派哲学的人生态度领会吸收,认识到我可以控制一些事情(吃什么、要不要锻炼),但也无法控制另一些事情(我的基因、我早期的经历,还有一些其他因素,例如我的锻炼效果)。所以对于最终结果——我拥有的身体、我拥有的健康——我都能平静地接受。正如西塞罗所说的,"可选择,但不可强求"。无论结果如何,我已经做到了我所能做到的最好,这样我就很满意了。

我们生活中的各方面都用得到斯多葛式的控制二分法。假设你在工作中得到了晋升的机会,根据你在公司多年的表现、你和同事与上司的相处情况,以及你的职位评级,你认为这是合情合理的。假设你明天就会知道结果,用斯多葛派的思维方式可以让你今晚睡个好觉，不管明天结果如何，你都能以一种自信的状态面对它。你的这份自信并非来自结果，结果是不受你控制的。结果有太多变数，包括公司内部的政策、老板是否欣赏你、你与同事之间的竞争等。你的自信源于你对自己所做之事的掌控，你知道自己做了力所能及的事情，也知道这些事情在你的掌控之中。宇宙有自己的运行规律，不会围着你转；你的上司、同事、公司的股东、客户，还有其他因素，都是宇宙的一部分，所以为什么要期待他们按照你的预期行事呢？

或者假设你是一位家长，有一个正处于青春期的女儿，尽管她的童年无忧无虑，你也认为你们关系很好，结果有一天她突然开始叛逆了。你正常的反应可能是懊悔，觉得自己没有在她小的时候做到最好，尽管你可能也想不出自己到底哪里做得不好。此外，你可能还会因为无法控制局面而感到无能为力和沮丧，你原本快乐的孩子突然不理你了，甚至好像（至少暂时）有点看不起你。爱比克泰德告诉我们，这种懊悔是在浪费感情。我们无法改变过去——这是我们不可控的。而我们可以，也应该从中吸取教训，并意识到我们可以改变的是当下正在发生的事情。正确的态度是，你要认识到你竭尽全力地抚养了你的女儿——事实上，你现在仍然在竭尽所能地帮她度过她人生中这段艰难的时光。不论你是否能成功，冷静地接受最后的结果才是最好的选择。

要知道，我并不是在建议你低头认命。斯多葛派学说经常会被误解为一种消极的哲学，但低头认命不仅和斯多葛派学说背道而驰，而且更重要的是，它和斯多葛派学说的实践也截然不同。我们所知道的斯多葛派信徒有教师、政治家、将军、皇帝等——这些人可不会听天由命，人云亦云；正相反，他们足够智慧，能够区分自己所能控制的内在目标，以及自己能够影响但无法控制的外部结果。正如"安宁祷文"所说，能意识到这种差异，正是一个人成熟而睿智的标志。

当我遇到困难时，总会想起斯多葛学派另一个很有名的关于心灵平静的故事——幸运的是，我遇到的困难比起故事主人公所遇到的，可以说是不值一提。帕格尼斯·阿格里皮纳斯是公元1世纪的斯多葛派信徒，他的父亲因被指控叛国而被提比略皇帝处死。公元67年，阿格里皮纳斯遭到另一位皇帝尼禄的相同指控（可能也同样不公正）。据爱比克泰德所述：

> 他听到消息："你的审判正在元老院进行！"他说："希望有个好结果，但这时已经5点了。"——他通常会在这个时间锻炼，然后洗个冷水澡——"我们去锻炼吧。"在他锻炼完后，人们告诉他："你被定罪了。""流放还是死刑？"他问。"流放。""那我的财产呢？""没有被没收。""那我们一起去阿里恰吃晚饭吧。"

阿格里皮纳斯的反应听起来似乎若无其事，他说的话就像好莱坞电影里那种处变不惊的英雄会说的台词一样（也许还是加里·格兰特或者哈里森·福特扮演的英雄），并不像现实中的人会说的。不过，这正是斯多葛派学说的力量：将"我们可以控制自己的行为，而不是事情的结果"这种基本真理与心同化，也不去想控制别人的行为，就这样静静地接受任何结果，因为在目前的情况下已经做到了最好。

顺带一提，阿格里皮纳斯的一位朋友——元老特拉赛亚·帕埃图斯（也是斯多葛派信徒），也被尼禄的爪牙指控，不过他就没有那么幸运了。他被判决"自由选择一种方式死亡"（liberum mortis arbitrium），也就是罗马人所说的"被赐死"。得知判决结果后，他平静地向正在与他共进晚餐的众人告别，起身回到卧室，并邀请带来皇帝命令的执行官见证他割腕自杀。随后，特拉赛亚就和自己的朋友德米特里厄斯——也是犬儒主义的对立学派的一位哲学家，一起探讨灵魂的本质，镇定地等待死亡降临。

阿格里皮纳斯和特拉赛亚显然不是一般人，幸运的是，我们很多人也没有活在像当时那样的暴君统治下——而不幸的是，那样的暴君在尼禄死后两千年的今天，依然存在。不过，理解控制二分法的基本理念及其影响仍然非常重要。如果我们认真思考这个概念，就会发现不管大事小事，大多数都不在我们的控制范围内。而对于这一认知逻辑的考量——佛教和其他哲学派别、宗教传统也基本认同——得出的结果显示,我们要弱化对人、对物的执着。这是一个不太容易理解的概念,也是因为这一点,人们对斯多葛派学说产生了另一种误解。爱比克泰德是这么直接地向我解释的(我后来意识到,他是为了一下子镇住我,让我开阔思维,才接受和那个观点针锋相对的概念):

> 那么应该如何正确地训练这项能力呢?首先,最本质也是最重要的一点,是当你对某物抱有执念的时候,尤其这个某物是那种带不走的东西,像水壶或者水晶杯,那么你需要记住它的本质,这样哪怕它碎了,你也不会觉得心烦了。对人也应该如此:如果你亲吻了你的孩子,或者兄弟,或者朋友……你必须提醒自己你爱的是凡人,你所爱的一切都不是你自己的;你所拥有的只是这一瞬间,而不是永恒,也无法永不分离,就像是一颗无花果或者一串葡萄,它们只在一年中特定的季节成熟,如果你非要在冬天渴求这些水果,那么只能说你在违背自然。因此,如果你在并不拥有儿子或者朋友的时候渴求他们,那无异于是在冬天渴求无花果。

在此稍停一下,在继续讨论之前,让我们再重读一遍上面那段话。和很多人一样，我相信在爱比克泰德讨论水壶和水晶杯的时候，你们会赞同他对于执念的说法——当然，没有必要执着于身外之物（虽然有很多人确实放不下这些东西）。它终归不过是一个杯子（或是一部苹果手机），哪怕是一个很贵的杯子（苹果手机可没有便宜的），碎了也没什么大不了的。但当这位哲学家将话题转到我们的孩子、兄弟或者朋友身上时，很多人就要退缩了。太残忍了，你可能会说，你怎么能鼓动人们不去关心他们所爱之人呢？到底是什么样的反社会人士才能把我的兄弟和（当季或者过季的）无花果相提并论呢？

不过，当我后来又花了功夫去思考这番话时，我认为爱比克泰德不是在劝我不要关心我所爱的人，而是在阐明一个事实，尽管这个事实可能让很多人都难以接受。斯多葛派学说诞生于一个动荡的时代，人们的生活时刻面临着翻天覆地的变化，无论老少，死亡随时可能降临。即使生活年代比爱比克泰德晚几十年，处于罗马权力顶端的皇帝马可·奥勒留也有着自己的不幸：他有十三个孩子，但只有一个儿子和四个女儿活得比他久，尽管这个家庭拥有十分优越的物质条件，食物是最好的，医疗条件也是最好的（马可的私人医生盖伦是当时极为有名的医生）。

更确切地说，我们在前面提到爱比克泰德亲自抚养了朋友的孩子，使其免遭死亡的威胁。由此可见，这位哲学家对于那些和自己没有血缘关系的人也十分怜悯和关爱。爱比克泰德通过此事告诉我的是,要鼓起勇气,直面生活的现实。这个现实包括了"人皆有一死"这个事实。在这个意义上,我们不属于任何人,也不属于彼此,唯有独自面对。理解并直面这一点,并非仅仅是为了在所爱之人去世时,或者亲友离开我们时保持理性(在当时,流放是很常见的,相当于现在出于经济原因搬迁或者因为暴力和动乱而逃亡),同时也提醒我们,趁着还有机会就理应充分享受同伴的关怀和爱。但是,尽量不要把这些当作理所当然,因为可以肯定的是,在将来的某一天,我们终将和他们告别,能欣赏他们的时光也将不复存在。我们永远活在"当下"(hic et nunc)。

去年的夏天,上面谈及的真理毫无先兆地出现在了我面前。当时我不顾家人的担忧,在伊斯坦布尔待了三天,就在我到达的前几天,这座城市刚刚发生了一起恐怖袭击事件。但我认为——后来也证实确实如此——连续发生两起恐怖袭击的可能性并不大,而且在一场袭击后,城市的安保级别肯定会提高。然而,我没有料到的是,政治动乱也可能发生。

一天晚上,我和几个朋友正在伊斯坦布尔历史街区一家非常棒的克里特餐厅用餐。当时已经很晚了,只有几桌还坐着人,也正是在那时,我注意到我们邻桌的所有人都在紧张地盯着手机。我的第一反应是我又见证了现代科技带来的危害:人们宁愿刷脸书（Facebook），也不愿意跟同桌的人聊天。不过，很快我就排除了第一判断，因为邻桌的人们过于专注，也过于担心他们屏幕里所发生的事情了。事实上，他们是在看当时发生政变的实时报道。至于我们这一桌，则表现得十分冷静，大家酒足饭饱后开始了闲聊。我的土耳其朋友将这件事与他们国家的历史现实联系起来，告诉我们他们的总统雷杰普·塔伊普·埃尔多安组建了愈加专政的政府。

  过了一会儿，我们意识到需要决定去哪儿。有传言说所有的桥都被军方封锁了；如果真是这样，那我们就没办法过桥回到我们在伊斯坦布尔中心的酒店了。而事实是，只有横跨博斯普鲁斯海峡连接亚欧大陆的两座桥被封锁了。因此，当我们打车未果之后，只能小心地徒步走回桥边。接近桥的时候，我们看到警车封锁了部分区域，周围还有好奇的民众在围观。好消息是，社交网站还能正常使用（也确实从来没有被封锁过），所以我们暂时可以跟家人报个平安。

  确实，当时的情况有点过于平静了：人们抽着烟，在桥边钓着鱼，就像是度过又一个平常的夜晚。带着些许困惑，我们回到了酒店休息。接下来的几个小时里，我们听到了直升机和战斗机从头顶飞过，随后传来两声巨响，我们后来才知道附近的塔克西姆广场有爆炸发生。但当我们早上醒来后，一切看起来都一如往常，街上人来人往（虽然比平时少一些），咖啡馆照常营业（不过有些博物馆关门了）。机场暂时还没有重新开放，于是我们尽可能小心谨慎，在临街散散步，并多注意着新闻，直到被人告知我们的航班虽然改期了，但还是会按计划起飞。我们可以在零点左右到机场，先飞巴黎，再转机去纽约。

接下来的事情就变得有点麻烦了。当我们坐出租车去机场时，街上挤满了人，他们都在为政变的失败而欢呼，尽管当时在首都安卡拉和一些小城市已经有数千人因此伤亡。通常来说，被疯狂的人群堵在路上绝对不是什么好事，尤其是在语言不通的情况下。更为不妙的是，这些疯狂的人是一群被街上的鲜血刺激得亢奋不已的年轻人。并且，我猜你也不想看着你的司机因为被堵在路上而朝着另一位司机大喊大叫。尽管险象环生，我们最终还是抵达了候机大厅，安全登机前往欧洲，接着飞回了美国。

对于一名斯多葛派的学生来说，这段经历首先强调了本章的基本原则：第一，我们能掌控的事情少之又少。我每天都对着自己重复这一原则，试着将其牢记于心，但是再也没有什么能比突然颠覆社会秩序这样的事情更能有效证明这个观点了。第二，我很惊讶自己和同伴们在伊斯坦布尔的24小时里表现得那么冷静。确实，我们从未真正遇到具体的危险，但局势的确很不稳定，尤其是当我们听到爆炸声和军用飞机从头顶上方飞过的时候，不免会感到焦虑。第三，当我们乘车经过喊叫的人群时，我意识到操纵人们的感情、玩弄他们的恐惧和愤怒是一件多么容易的事情。这也让我更加认同斯多葛派的一个观点，那就是我们永远不该认同这类情感，而应该时刻反省以获得更积极的态度——在这种情况下，你可以理性分析事情发生的原因，并且思考一下事件可能给这个国家带来的难料的后果。在伊斯坦布尔，践行斯多葛派思想在非常特殊的情况下获得了成功，同时还印证了一个观点，那就是别人也可以从中获益，即使他们并未身处事件的中心。

第四章　顺应自然而生活

> 人的本性是文明、友爱、可靠——这句话说得多么好啊！
>
> ——爱比克泰德，《论说集》4:1

古时候，斯多葛派学者因为两点而闻名：一是创造了很多新名词，这样就可以向别人解释他们独有的哲学；二是喜欢使用精简的短句概括他们的信条，以便在需要的时候随时提醒自己。举个例子，很早之前，基提翁的芝诺就说过这么一句名言：**我们应当顺应自然而生活。**

"什么？"我半开玩笑地问爱比克泰德。这是说斯多葛派学说突然变成一种倡导环保的新潮流了吗？"不，"他平静而肯定地回答我，"人类兑现承诺这件事做起来就不是一件普通的事情。这么说吧，人类是什么？一种理性动物，终将难免一死。

那我们马上会问，理性将我们与什么区分开来？与野兽。还有呢？与绵羊和与之相似的动物。因为理性，我们不会像野兽一样活着，否则我们将会摧毁内心的人性，无法兑现承诺。"

　　古人十分清楚，人类是一种特殊的动物。亚里士多德就说过一句名言，我们是理性动物——不过，这不意味着我们时刻都会保持理性，因为只要粗略观察一下就能知晓，我们只是拥有保持理性的能力。他还认为，我们都是政治动物，但这并不意味着我们要参与政治竞选或者演说（尽管我们确实这么做了），而是我们都繁荣地生活在城邦（一种由人类组成的社区）中。亚里士多德认为，我们的社会性和理性是与生俱来的，斯多葛派也由此认为人类的生活就是将理性运用到社会生活中。亚里士多德思想和斯多葛派学说的区别看起来很微妙，却十分关键：亚里士多德认为沉思是人类的最高目标，这是因为我们最独特的机能就是拥有思考的能力，但可想而知，这种目标也许会让我们的存在变得有些孤独；因此，斯多葛派学说转而强调社会性，本质上认为人类的生活在于运用理性，创造出一个我们所能创造出的最好的社会。

　　现在存在的问题是，关于人类天性的观点似乎有些站不住脚。不论是科学家还是哲学家，都对这一观点颇有看法，甚至有些人认为它源于一种狭隘的世界观。然而，我认为他们的想法都不对。

直到19世纪中期，西方人仍然认为所有动物（包括人类）都是被全知全能的上帝一个个专门创造出来的。由此可见，他们并不难接受亚里士多德的观点，并按照自己信仰的宗教对其进行新的理解：人类是上帝按照自己的形象创造出来的，并具有其特殊目的——执行上帝为宇宙所制订的所有计划，并敬奉他。

也就是在这个时期，1859年，查尔斯·达尔文出版了《物种起源》。达尔文和他的同事阿尔弗雷德·R.华莱士通过实验收集了大量证据，支撑他的两个革命性发现：第一点，地球上的所有物种都与相同的血统有所关联，就像在同一个家庭族谱里，我们可以与兄弟姐妹、表亲、叔伯、祖父母一起回溯到同一个生命源头一样；第二点，地球上存在令人眼花缭乱的物种，每一种又精妙地适应着各自的生存环境，这一切都基于一个基本过程——"自然选择"。而这一过程又基于一种相当简单的运行算法，至今仍被人们在野外和实验室中不断研究、完善。首先，达尔文和华莱士认为，动植物种群中的个体特征不尽相同：有的矮一点，有的高一点；有的能长出更绿的叶子，有的就不太行；有的新陈代谢快，有的比较慢等。其次，这些显著的不同特征对于生命体在特定环境下的生存或多或少都是有利的。例如，某种形状的叶子会更适于生长在光照充足而水源匮乏的沙漠，而另一种形状的叶子则更适合生长在阳光稀缺但水分充足的雨林地带。换句话说，从生物学的角度讲，这些地球上的生命体拥有的特性影响了其生存能力，以及更重要的繁殖能力。最后，因为一些特征是代代相传的，所以父母与子女之间的特征也是相互关联的。（达尔文并不知道其背后的原因，虽然乔治·孟德尔大约在同时期就发现了这一问题的本质，但他的发现直到 1900 年左右才受到重视。）

如果我们把这三个要素——多样性、适应差异、遗传性——结合起来，就可以推断出：通常来说，越能适应环境的生命个体越能生存下来，并繁殖更多后代，因此也会将它们的特性遗传到整个种群中，直到环境开始变化，其他特征开始占优势为止。到了那时，这个过程——也就是我们所说的"自然选择"——将按照新的方向发展下去。

那么这些与人性又有什么关系呢？达尔文的进化论对于任何基于本质来探讨人类本性的理论来说都是致命一击，包括亚里士多德和斯多葛学派（以及古代几乎所有人）。爱比克泰德在这一点上毫无疑问是正确的："理性将我们与什么区分开来？与野兽。还有呢？与绵羊和与之相似的动物。"人类与野兽和绵羊之类的动物确实非常不一样，但与其他灵长类动物，特别是大猩猩也很不一样吗？现代生物学告诉我们，这还真不一定。经过测算，我们的基因组与黑猩猩的基因组之间仅仅相差 4%~5%。但是从进化论的角度来看，这已经是很大的差异了，不过，我敢打赌，亚里士多德会为这个微小的数据差感到吃惊。另外，生物学家们通过系统性的研究发现，很多我们认为独属于人类的特性其实并不独属于我们。我们并不是唯一生活在合作社会群体里的动物，也不是唯一使用工具的动物。我们不是唯一具有复杂沟通能力的物种，也不是唯一展现我们所说的道德行为的物种（这些在倭黑猩猩和其他灵长类动物身上也能看到）。

尽管如此，我们看起来似乎是唯一会使用复杂语法结构的动物，繁衍的后代在出生时就拥有尺寸很大的大脑，并在出生后一段时间内持续生长。而我们的大脑是极不对称的两个半球，每个半球都具有其特定的功能（其中很重要的一个功能便是我们左脑控制的语言系统）。在哺乳动物中，我们的大脑占身体的比重也是最高的。此外，我们也是唯一没有阴茎骨的猿类。

看看这些（不完整的）例子，你会注意到大多数项目都是基于数量，而不是基于性质而定。我们的大脑比较大，比较不对称；我们的婴儿体型比较大，出生后生长时间较长等。其他项目似乎与亚里士多德和斯多葛派学说的观点毫无关联：好吧，我们确实没有阴茎骨，但这跟我们的理性思维、哲学思考或者美德也没什么关系吧？或许我们与其他动物最本质的差别是我们的语言，但是一些人对于语言的组成，以及语言与其他传递信号和交流方式的明显差别仍然存疑。

尽管我对于从生物学的角度质疑人性持反对意见,但这并不意味着我要依赖于对人类本质不切实际的追求。恰恰相反,我的反对观点建立在接受并认真对待现代生物学研究结果的基础上。确实有研究表明,让不同生物种类互相区分开来的绝大部分(或者说全部)特征,都是基于数量而确定的,这些特质具有多维度连续性。不过,也有研究清楚地表明,比起近似的不同种群,同一复杂多细胞物种中的独立个体——特别是脊椎动物,也就是我们——具有更多相似的多维度连续性(当然也会有例外,毕竟每一位生物学家都会毫不犹豫地告诉你,生物学唯一的法则就是"例外永远存在")。这其实也是用了一种非常学术的方式表达,你的一言一行像智人中的一员,即使不用生物学家告诉你,你也能把自己和进化论意义上的"近亲"黑猩猩区分开来。这几乎是我们需要更有意义地探讨人性所要了解的全部:因为人类具有多维度的鲜明特征,所以能与与其关系相近的物种区别开来,而这些特征有很多恰恰与我们所拥有的社会合作能力和强大的脑力有关。也正是因为看到了人性的这两个方面——社交性和理性——斯多葛派学说才坚持将此作为其主张"人类例外论"的基础。

聊了太多从生物学角度看人性的例子,不过近年来,这种关于"人类例外论"的思想并不被看好。反对的声音主要有两种,在我们重新回去找老朋友爱比克泰德之前最好听听它们都是什么。一些哲学家只是简单地搬出我们刚刚讨论过的观点，认为达尔文的理论给了本质主义致命一击。其他哲学家则持相反意见，不依赖遗传性，而是从文化人类学角度探讨，认为人类的行为过于多样化，而人类文化不论从空间还是时间上看都是丰富多彩的，因此我们不能以一个统一的概念给人性盖棺定论。

后一个论点其实有点奇怪，主要有两点。第一，如果人类文化的确多种多样，那么这一观点足以证明人类属性的独特性，将人类与其他动物区别开来——这听起来好像有点自相矛盾。第二，更严肃地说，人类确实有不少共通的文化特征，这些特征不会因为文化的不同而不同——这显示了人类行为的可塑性是有限的。这些共通的文化特征包括使用日历（有目的性地记录时间）、发展一种宇宙观（解释世界的起源及其发展进程）、进行占卜、举办丧葬仪式、制定财产继承制度、开玩笑、举行成人礼、对灵魂产生概念、制作工具等（这些例子与人类独有特征那些例子不同；例如，其他动物也可以制作工具）。

最后，好像不管是生物多样性还是文化多样性都无法有理有据地反驳古人提出来的观点：在地球数十亿年间孕育出的万千物种中，人类是最与众不同的，我们的独特性有好（我们惊人的文化与科技成就）也有坏（我们对于环境的破坏，以及强加于其他物种，甚至是我们自己的苦难）。有一点特别值得注意，也是最重要的一点，我们的不同绝不仅仅是少了一根骨头这么简单。相反，使我们如此独特的是我们的社会能力和精神能力，也正是这两种能力让我写出这本你正在阅读的书，并让你关心你到底在读什么。

现在，我们应该能够比之前更准确地分析爱比克泰德对本章开头的问题所给出的答案："人类是什么？一种理性动物，终将难免一死。那我们马上会问了，理性将我们与什么区分开来？与野兽。还有呢？与绵羊和与之相似的动物。"他继续解释，"看看你，你的行为举止和绵羊并不一样，若非如此，你的人性将不复存在。你问我你怎么可能表现得像绵羊？如果我们只想着填饱肚子、任性行事、胡作非为、不顾他人，那我们不就成绵羊了吗？我们摧毁的是什么？是我们的理性。如果我们变得好斗、顽劣、冲动、鲁莽，我们不就成野兽了吗？"爱比克泰德认为，使人类和其他物种区别开来的是我们具有运用理性的能力。因此，他主张一种道德规范：我们不应该活得像野兽或者绵羊，那样做的话会否定我们独具的人性，而人性是我们所拥有的最宝贵（也是最自然）的东西。也许这样你就能明白为什么"顺应自然"和抱着一棵树无关了。

但是，从哲学的角度来看，我们现在遇到了一个新问题。爱比克泰德和他的斯多葛派同伴们是否犯了一个基本的逻辑错误——"唯自然论"？换句话说，他们是不是认为某样东西因为是自然的，所以是好的，而忽略了很多自然的东西对我们来说并不是好的。（我脑中浮现的是毒蘑菇。）在伦理学中，唯自然论这一问题被意识到已有很长的历史，是启蒙运动的主要人物之一、苏格兰哲学家大卫·休谟将其具体提出来的。他观察到了一种他认为很奇怪的行为：

> 在我迄今为止接触到的道德体系中，我注意到它们的创立者在一段时间内都会按照平常的推理方式，确定上帝的存在，或者对人类活动进行观察和思考；令我吃惊的是，他们会突然地抛弃常用命题的"是"或"不是"，而以"应该"或"不应该"来代替。这种变化虽然难以察觉，但却有天壤之别。这种"应该"或"不应该"代表着一种新的关系或者肯定，这一点是需要特别说明的；同时对于这种不可思议的变化，我们还需要寻找其变化的理由，探究这种新关系是如何由与其完全不同的另外一些关系推理而来的。

这是一个经典的哲学论段，休谟指出的问题也恰当地被称为"是与应的鸿沟"。他的话也被一些人（那些强调"这种新关系是从其他一些关系推理过来的"这种说法简直令人难以置信的人）解读为这种鸿沟无法填补，而另一些人则认为，如果这种鸿沟要被填上的话,那么这种填补行为应该被正当化(也就是"必须要解释说明,并且寻找其理由")。不论休谟的真实意思是什么,我都比较倾向于第二种观点。对我来说,伦理学必定有个源头,而自然主义的观点在此看来则是最有理有据的。这也是古希腊-罗马哲学,尤其是斯多葛派哲学采用的方法。

以现代人的角度讨论道德本源的话,大致来说有四种方式,即被哲学家称为"元伦理学"的立场:你可以做一名怀疑主义者,或者理性主义者、经验主义者、直觉主义者。如果你从怀疑主义的角度来看这个问题,那你基本上是在说没有方法可以证明伦理判断的正确与否。道德怀疑主义者经常会说,当人们发表类似于"谋杀是错误的"这种声明时,他们就犯了一种特殊的错误(或称为范畴错误):他们将毫无关联的事情——比如将事实陈述(已经发生谋杀)和价值判断(什么是错误的)混在了一起。显然,怀疑主义者认为"是与应的鸿沟"无法被填补,而实际上,事实与判断之间也毫无联系。不用多说,怀疑论者在晚宴上应该不太会受欢迎。

理性主义在哲学中比较普遍,它主张通过思考来获得知识,而不是通过观察或实验。尽管这种主张加深了"扶手椅上的哲学家"这一刻板印象,不过先别急着笑,逻辑学家和数学家始终依靠理性主义细分法创造新知识,所以真正要问的是伦理学到底是否和数学或者逻辑学一样?有些人认为一样,有些人则不这么认为。

经验主义经常与理性主义对立，站在经验主义的角度上看，我们最终得到的知识基于经验和事实，也就是观察和实验。科学是经验主义中最重要的学科，因此，如果说可以通过经验和实践得出伦理学知识的话，就是试图以科学的方法为基础填补"是与应的鸿沟"。

最后，我们还有直觉主义，主张不需要通过任何推断便可获得伦理学知识，不管是推理还是观察。反之，伦理学知识是经过深植于我们体内的强烈直觉来判断对错的。这是怎么回事呢？举个例子，我提到其他灵长类动物会表现出原始的道德行为，比如帮助那些处于危险或痛苦中的非血亲同伴。那么倭黑猩猩没有表现出这种行为，或许是因为它们没有读过探讨是非的哲学书籍吧。它们凭借本能行动，而这种本能或许是通过自然选择植入它们体内的。这促进了它们的亲社会行为，而这种行为对于小群体灵长类的生存十分关键。由于我们和倭黑猩猩源自相同的祖先，再加上我们自己的祖先也以适应亲社会行为的小群体模式生活，那么，认为我们确实具有从我们灵长类祖先那里继承来的道德本能这个想法就不算太离谱了。

斯多葛派伦理学之所以有趣，是因为它无法被归类到以上四个类别里。确实，斯多葛派信条可以被看作为直觉主义、经验主义和理性主义的混合体。而斯多葛派信徒们也绝不是怀疑主义者。斯多葛派信奉一套"发展的"伦理关怀理论，认为我们在年幼时完全依靠直觉行事（而不是理性），这些直觉不仅利己，还有利于与我们日常互动的对象们，通常是我们的父母、兄弟姐妹以及家庭其他成员。这样看来，我们本质上表现得像纯粹的直觉主义者，而道德直觉则扎根于我们的天性。

渐渐地，我们到了理智的年龄，六到八岁的时候，就会接受教育以扩大我们关怀的范围。从那时起，我们能更清晰地分辨想法和行动，更好地理解世界以及我们在其中所处的位置。从此以后，我们的直觉开始增强，甚至会被修正，而这些都是通过自省和经验——同时运用理性主义和经验主义所达到的。斯多葛派信徒认为，随着心理和智力的成熟，我们对于直觉的运用会逐渐转为（以经验为依据的）推理。在我们进行讨论的时候，爱比克泰德向我解释道："这是理性动物的天性，除非他能对他所在的群体有所贡献，否则他无法从中受益。也就是说，做任何事都从自身利益出发，并不是不合群的表现。"这句话将我们带回了人类天性的话题：爱比克泰德想表达的是，我们作为人类的一个基本特点便是我们的社会性，这并不是单指我们喜欢跟同伴在一起，而是从更深层次上来讲，没有他人的帮助，我们将无法存在；言下之意是，当我们为组织服务时，也是在（可能间接地）为自己服务。这种说法深刻剖析了人性，而且可以更进一步支持此观点的是，在爱比克泰德提出这个理论16个世纪后，事实证明人类演化成了一种社会性动物，与其树上的表亲具有相同的适应性强又亲社会的本能。

不过，公元 2 世纪的另一位哲学家希洛克勒斯可能才是将这些思想整合得最好的人，他将这些内容收录在了《伦理学要素》中，不幸的是，其中很多内容都已经丢失了（我们对于希洛克勒斯本人也知之甚少，只知道奥鲁斯·格利乌斯称他为"严肃又神圣的人"）。以下是希洛克勒斯的说法：

> 可以说，我们每一个人都被限制在很多圈子里，每个人都以自己的思想为中心……第一个，也是最接近中心的圈子，是最接近我们所描述的思想的圈子……第二个圈子相比起来距离中心稍远一点，但同时包含了第一个圈子，其中涵盖了父母、兄弟、妻子、子女……在这之外包含的是我们日常接触的人，再之外包含了同一个部族的人，而再之外则是包含了一个国家的同胞……在最外围，最大的圈子包括了所有的圈子，包含了全人类……人类需要以恰当的行为来适应圈子，适应每一个群体，同时不偏离中心，努力融合到每一个圈子中去。

作为一名斯多葛派信徒，希洛克勒斯有一种务实的态度，他甚至指明了如何做才能帮助我们内在化不同圈子里与我们相关的人。比如，他建议他的学生将陌生人称作"兄弟"或"姐妹"，如果他们更为年长的话，就称"叔叔"或"阿姨"，以时刻提醒自己对待他人如亲属一般。就像理性劝诫我们的那样：我们都是同一条船上的人。即使在今天，很多文化中也有相似的习俗，都不约而同地证明了希洛克勒斯的先见之明。

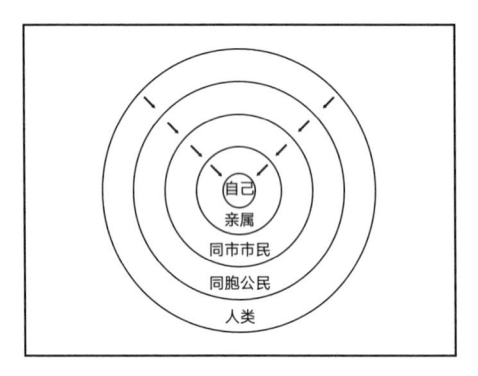

图 4-1　公元 2 世纪哲学家希洛克勒斯的斯多葛派世界观，可视化表现为"契约性关心圈"。其主旨是提倡我们像对待圈内人一样对待圈外人。

斯多葛派哲学家们又将这个道德发展的观念不断完善，并将其称为 oikeiôsis，这个词通常被翻译为"了解熟知"或"占用别人的担心"，意思是将别人的担忧当作自己的担忧。而这样也使得他们（以及比他们更早并对他们影响很大的犬儒学派）创造并使用了一个迄今仍对我们影响极深的词语：世界主义

（Cosmopolitanism）。这个词的字面意思是"做世界公民"。或者像苏格拉底——可以说，他对希腊时期所有哲学流派都产生了深远影响——所说的那样："千万不要对问你是哪个国家的人回答'我是雅典人'或者'我是科林斯人'，你应该说'我是世界公民'。"

第五章 与苏格拉底一起踢球

> 物质的东西虽不重要,但如何处理它们却十分关键。
>
> ——爱比克泰德,《论说集》2:5

我们在上一章谈到"顺应自然而生活"时,提到斯多葛派信徒总喜欢把他们独特的哲学思想用简洁的语言表达出来。我认为这正是他们可爱的地方,原因有以下几个。首先,这强有力地表明他们的确很务实,而不只限于理论:他们的格言是为了让斯多葛派学生从中受益,帮其取得进步。与现代那些在汽车保险杠上贴贴纸、在 T 恤上印口号的人不一样,那些人总想着表明自己属于某个团体,借此打击那些和自己想法不一样的人。斯多葛派的名言常被实践者用来自省、做日常冥想的辅助,或作为心存疑惑时的行动指南。换句话说,作为斯多葛派信徒并不意味着你就要公开宣扬你的观点(除非你不得不,就像老师,他们无法避免这种事)。马可·奥勒留把这一态度发挥到了极致:他的著作《沉思录》是进行个人反思的日记,而非一本出版物,在古代,这本书也被称作 *Ta Eis Heauton*,即《自言书》。

此外,我也很喜欢斯多葛派的格言警句,虽然这些简明扼要的句子表面上看好像自相矛盾,但你可以从多方面来理解它们:一方面,这些格言警句一直给斯多葛派带来诸多误解,斯多葛派学者们必须不断地向误解这些句子的人解释它们真正的含义;另一方面,这也是一次教学机会:当被问到这些句子"自相矛盾"的地方时,斯多葛派学者们能触类旁通地将自己从汽车保险杠小广告的水平提升到至少电梯演讲的水平,不论是面对面交谈还是通过社交媒体交流,这似乎是现代人交流所能做到的极致了。

或许,在这些短句中最自相矛盾的就是"可取的无关紧要"(以及"不可取的无关紧要")。因为"无关紧要"包括了一个人除去优秀品质或美德之外的一切事物,所以我们最好搞清楚斯多葛派信徒说的这句话是什么意思。

像往常一样,我一边向爱比克泰德请教这个问题,一边在罗马卡萨尔帕洛克地区散步,还碰巧在这里看到了一条以他的名字命名的街道。(我的这位朋友向来十分谦逊,所以这让他很吃惊。)这时,他又一次向我提起了对他影响颇深的苏格拉底:

"(苏格拉底)就像一个正在玩球的人。那么他玩的是哪种球？生活、监禁、流放、饮毒、妻离子散。这些都是他手中的球，但他可以平衡地抛球。因此，我们在玩球的时候，也要使出浑身解数去享受比赛，但要把球本身看作无关紧要的东西。"

我来解释一下这个比喻，这显然是把我们的生活比作一场球赛。我不太清楚爱比克泰德指的是哪种球，就让我们把它当作古希腊-罗马式足球吧。这个类比的关键点是，即使球作为比赛的核心，也是大家关注的焦点，但它其实无关紧要——这个球可以是不同的颜色、形状、材质、大小，但它的价值不在它本身。球只是比赛进行的一部分，但却并不是最重要的部分——球员要怎样使用球，踢得好不好，谁输谁赢，这才决定了比赛的价值。说实话，好的球员并不会太在意如何运球、在什么时候传球，以及传给谁等。最顶级的球员是那些能展现出创造力（fantasia）的人，他们能在球场上天马行空，并且能在关键时刻转危为安，扭转局面，用马可·奥勒留的话来说就是，**"化障碍为道路"**。此外，一名运动员是否受人尊敬，不在于他赢了多少场比赛，而在于无论结果如何，他都做到了他所能做到的最好，毕竟结果是不受他控制的。

苏格拉底也一样：命运将特定的材料交给了他，包括他出生的时间和地点、公元前5世纪雅典的政治制度和社会状态等。他努力追求美好生活，在伯罗奔尼撒战争中，他加入军队作战，保家卫国，并教授他的同胞们哲学知识。当莫勒图斯在阿尼图斯和吕孔的暗中支持下指控苏格拉底"不虔诚"（指的是不信奉城邦认可的神）时，他站在同胞们面前为自己辩护——尽管指控明显是因为控告者在政见和个人感情上都对他积怨已深。

在苏格拉底被人民法院判处死刑后，他的朋友们很乐意帮他贿赂狱卒（这样的做法现在也很普遍），他本可以在朋友的帮助下轻易逃脱。然而，他却将服从判决当作他对雅典（这座他在此出生并生活了一辈子的城市）的责任。柏拉图在《克力同》一书中记述，苏格拉底面对他忧心忡忡的朋友时说，即使法律很明显被错用，他也有道德义务去接受法律的裁决，因为我们不能因为法律存在不适合我们的地方就去改变规则。所以他宁肯饮下毒酒，永远离开他的朋友、学生、妻子和孩子，也不愿意委屈自己的正直，这是他认为很重要的事情，而其他的事都"无关紧要"。这并不意味着苏格拉底不在乎他的朋友和家人（甚至是他的生命），但从更深层次上讲，他不愿意为了救其体肤而损害其美德，即使这样会让自己所爱之人遭受痛苦也在所不惜。就像爱比克泰德在我们的谈话中提到的："我怎么能知道将要发生什么？我能做的就是依靠勤奋和技巧对现有的东西加以利用……你能做的就是抓住你所拥有的东西，并把它发挥到极致。"

还好，我们大部分人都不会面对苏格拉底陷入的道德困境。

不过，我们倒是有很多机会来决定要怎么接好生活向我们扔过来的球。让我来略举几例。在跟爱比克泰德谈话后不久，我因为一些个人原因需要一些现金，于是走到我纽约公寓楼拐角处的当地银行，从自动取款机里取了一些钱。然后我就在路上愣住了。你看，如果你常跟斯多葛派接触，你很快会发现所有事情都有一个伦理的维度。在当时，我突然想起来，我存钱的银行有很多臭名昭著的暗箱操作（比如说可疑的投资和金融工具等），而这些都会影响他们的员工，甚至整个社会。这也就意味着我所取的无关紧要之物——我每次需要钱的时候都能从我的账户便利地拿到的东西——其实恰巧间接支持了我在原则上反对的事物。

作为对这件事的反思，我走进了那家银行，并向一脸困惑的客服人员解释说我要注销账户，其原因并不是我对他们的服务有什么不满（他们的服务很好），而是因为我和这家银行在如何使用我的钱这件事上有着不可调和的分歧。在那之后，我做了一些调查，找到了一家虽然不是无可挑剔，但是绝对比我刚炒掉的那家好的银行。我把我的理财业务交给他们之后，感觉比以前好多了。

同样地，在意大利长大的我完全是个杂食动物，我的父母和祖父母到现在都无法理解什么是"素食主义"。我到今天也不怎么吃素，不过我渐渐地开始关注食物，主要是关注生产食物给动物带来的痛苦、对环境的影响，以及消耗的劳动力这几个方面。这是一个复杂的问题，没有简单的解决办法，而且在无关紧要的事物上制造了很多麻烦。例如，与标准的素食主义论点正相反，奉行素食主义对于动物的受难和死亡所造成的影响是无法估量的，因为大面积种植人类食用的农作物会在根本程度上改变环境，剥夺许多野生动物的生存空间。如果你认为吃本地食品和有机食品对可持续发展有帮助，那么在阅读文献或者粗略估算后你可能会大吃一惊。就连激进新闻工作者、畅销书《杂食者的两难》的作者迈克尔·波伦也认为，仅仅靠那些在本地绿色食品专营店里买到的食物是无法养活地球上的几十亿人口的。但反过来说，如果争论我们有权吃我们想吃的，不去考虑这种行为造成的苦难和对环境的破坏的话，就未免太冷酷无情了。

这种窘境大概也是很多斯多葛派信徒选择素食的原因。以塞涅卡为例，他写道："我受到这种（素食主义）思想的启发，开始戒掉动物食品；一年下来，坚持这种习惯不仅轻松，也使我感到愉悦。我开始觉得自己的思维更加活跃了。"但塞涅卡最终还是放弃了素食主义，因为他不想与同样提倡素食主义的某个政治派别有所关联。那么他只是个机会主义者吗？还是说他在道德上太软弱了？应该都不是。我们并不了解细节，不过他可能通过思考和比较发现，与践行素食主义食谱相比，或许与那个特定的政治派别划清界限更能给世界（对他而言是罗马社会）带来一些美好。作为一名素食主义者，并不能表明一个人品德高尚，但如果没有其他更重要的追求，奉行素食主义也是一件好事。而作为一名智者，应该在复杂的局势中找到方向，而不能是非不辨，随声附和。

爱比克泰德的导师鲁弗斯是一位以务实闻名的斯多葛派信徒，他会给学生各种建议，从生活中的大事（比如他建议女性应该和男性一样平等地接受教育）到琐碎小事（如何利用有效又实用的材料进行室内装潢），以及如何理发（只剪掉多余的部分）等，事无巨细，包罗万象。对于饮食，他也有自己独特的见解，他曾经说过，"即使很多快乐的事物都能引诱人类作恶，或迫使他们做出害人害己的事情，但在所有这些快乐的事情之中，美食带来的快乐最难抗拒"，并且"为了获得这些美食带来的快感，无数的珍馐美味或经过精心料理，或是从海外进口。而厨师也比农民更被看重。有些人将他们的全部财产都花在准备宴会上，但他们也不会因为吃了这些昂贵的食物而变得更强壮……一谈到食物，负责任的人会选择那些常见的、不会带来麻烦的，而非难得的、会惹来麻烦的、需要精细加工的"。

这一点与我不谋而合，也恰好能反映出斯多葛派信徒是如何看待生活中可取的无关紧要之物的。前文提过，我在罗马长大，现在在纽约生活。事实上，我是在带薪休学假期时写的这本书。之所以选择在罗马这座永恒之城中度过我的假期有两方面考虑：一来，我不仅能在古竞技场和会场散步时受到启发；二来，还能享受和家人相处的美好时光，品尝家乡的美食。我和我的伴侣托"大苹果"①的福，在纽约的许多高档餐厅里大快朵颐，而这些餐厅的厨师肯定比农民的待遇要好得多，而数不清的珍馐也为了满足食客的口腹之欲被从世界各地运输到这里。这么看起来，我现在的选择好像并不多，而且也不是那么愉快：要么我就坦率地承认，对照斯多葛派的理论，我其实是一个享乐派（伊壁鸠鲁学派的现代昵称），也就是个伪君子；要么就放弃去高档餐厅就餐，即使身边有各种美食也拒绝去享受，做到逻辑上的表里如一，并过上那种在别人看来十分无趣的生活。

不过如果你学习哲学的话，你所学到的第一点就是，在任何微不足道的琐事上都鲜有尖锐的、非此即彼的情况。事实上，在教授非形式逻辑时，我就告诫学生们，当有人逼着你二选一时，这个人可能就陷进了所谓的"错误二分法"谬论——他没有告诉你还有其他选项（当然，在有些情况下你只有两种选择，而人们普遍认为被迫面对狭隘的选择并没有逻辑上的错误）。在这种情况下，举例来说，在罗马你能找到便宜、美味又健康的食物，且由当地厨师选取当季食材做成，这就满足了鲁弗斯的

---

① 纽约市的昵称，其中一种说法认为这与当地的赛马文化有关。

选择。虽然，在纽约也能找到这样的美食，但在那里，人们会选择大肆挥霍昂贵（甚至贵到离谱）的菜肴，还冠以"美食体验"的美名。这也是我决定与之划清界限的一点。我告诉我的伴侣和好友，只要能不去，我绝对不去麦迪逊公园11号[①]。但并不是永远不去：如果我的哪位好友或者同伴告诉我，他们这辈子真的很想去那里体验一把——比如说，去庆祝某个非常特别的日子——而这种时候如果我不去大家会很失望，那么我会考虑一下。我认为这不是虚伪，也不是为了让事情合理化，而是对不同伦理标准的平衡：支持我不认同的做法，因为不这么做的话会让我爱的人失望（我在这里用到的是古希腊-罗马所理解的"伦理"。在这里，"伦理"的含义比其现代的含义要广泛得多）。而合理的做法（斯多葛派信徒也总是用理性去解决日常问题）可能是妥协：是的，我们这次去了，但是我们会用一些其他方法来弥补，比如说，在这一年剩下的时间里以两倍的精力去光顾和支持那些环保又节省劳动力的餐馆。那么，在庆祝的当晚，我会感到不舒服吗？有可能，不过正如马可·奥勒留皇帝所讲，而且他并没有开玩笑或者带着讽刺意味："如果（你）必须住在宫殿里，那么（你）住在那里也可以好好地生活。"

大致来说，斯多葛派伦理并不只是关于我们做了什么（我

---

① 位于纽约的米其林三星餐厅。

们的行为），而更多包含了我们如何凭借品格来指引现实生活。我们生活在太过复杂的社会环境中，以至于无法做对所有事情，甚至无法因为经常做对事情而有足够的自信判断到底哪件事是对的。很多时候，对于我们的不同要求都有一个伦理维度（动物的苦难、环境的破坏、服务员的待遇），不过有些却更实际（我需要吃饭，那么我的食物从哪儿来？我需要理财，我该去哪家银行？）。斯多葛派为了能有效且人道地解决接二连三的冲突发明了一些工具。这些工具既不完美，也不会提供具体的解决方案，而是给那些认为世界非黑即白、非善即恶、好人坏人一目了然的傻瓜（爱比克泰德的原话）准备的。那不是我们生活的世界，非要假装生活在那个世界，这样既危险又不明智。

既然这样，就让我们回到斯多葛派对于无关紧要之物的理念，以及对其"可取""不可取"的区分上来。我们可以从对比斯多葛派和其他两个重要的希腊思想流派来看这件事：亚里士多德主义（Aristotelianism）和犬儒主义（Cynicism，这个词在今天的含义与古时候的解释有很大不同，甚至比斯多葛派和伊壁鸠鲁学派的变化更大——因此，我会用首字母大写来表示哲学流派，小写表示其他释义）。

亚里士多德是柏拉图的学生（所以也算是苏格拉底的徒孙），他的哲学极为实用，并带有精英主义色彩。在他的美德伦理学思想中，幸福的生活是通过追求美德获得的，但我们也需要其他很多我们无法控制的东西：健康、财富、教育，甚至美貌。

与之相对应的是由第一位犬儒派学者，同时也师从苏格拉底的安提西尼所提出的思想。安提西尼和他一位更有名的继承者——锡诺普的第欧根尼都十分激进：对他们来说，除了美德，没有任何东西是幸福生活所必需的。我们可能健康，也可能患病；可能富贵，也可能贫穷；可能博学多才，也可能大字不识；可能仪表堂堂，也可能其貌不扬——这些都不重要。事实上，他们甚至认为人们在尘世间的所有物阻碍了美德：这些无关紧要的东西使我们产生了对它们的依赖，因此没有了它们我们会过得更好。

第欧根尼严格遵守他自己的讲道。他的生活方式带有一种一看便知的苦行风格，他曾在雅典街头公然睡在木桶里，当众大小便、性交（"犬儒"一词的本义是"像狗一样"），也不会为了自己的生存和舒适携带多余的东西。关于第欧根尼有很多精彩的故事，其中一个故事提到，某天他感到口渴难耐，于是便抽出一只碗，跑到有流动水源的地方。紧接着，他看到有个男孩仅用手做成碗的形状就能喝水了。于是第欧根尼满脸厌恶地扔掉了他的碗，嘟哝着一个小男孩都比他智慧得多。在另一个故事里，亚历山大大帝因为听说了这位哲学家的事迹慕名来拜访（估计是来到了他的木桶前）。当亚历山大大帝宽宏大量（或者只有他本人这么以为）地问第欧根尼，他——亚历山大，这位世界上最有权势的人，能为这位哲学家做些什么的时候，后者抬起头看着亚历山大，说了类似于"你可以挪开，你挡住我的阳光了"这样的话。这些大概能说明为什么犬儒主义既受敬仰，又遭人唾弃了。

现在问题来了：一方面，亚里士多德告诉我们，幸福生活只能被一些满足了先决条件的幸运儿获得，而这些幸运儿自己能把控的因素少之又少；另一方面，犬儒主义不仅反对亚里士多德列举的先决条件，还认为这些条件反而阻挡了人们获得幸福生活。而斯多葛派则填补了这两者之间的逻辑空隙：健康、财富、教育、美貌，和其他事物相比，它们是可取的无关紧要之物，而和它们的对立面——另一些东西相比，则是不可取的无关紧要之物。我认为这简直是天才之举。斯多葛派把幸福生活变成了人人都能达到的目标，与他们的社会地位、财富资源、身体状况或容貌美丑无关。尽管这些品质与你追求美德（做一个有道德价值的人）的能力无关，它们还是值得拥有的（随便一个普通人都会这么告诉你），只要它们不妨碍你践行美德就好。塞涅卡很好地总结了可取和不可取的体验之间的差别："痛苦和快乐截然不同，如果要我选的话，我会选前者，避开后者。快乐顺应自然，而痛苦违背自然。只要通过这个标准来评价它们，二者之间就隔着一道鸿沟；不过一旦谈到美德，不论是通过快乐还是痛苦来达到都是一样的。"换句话说，在生活中大步向前，规避痛苦，享受快乐，但不要在危及你的正直时这么做。**宁愿以高尚的姿态忍受痛苦，也不要以羞耻的方式追寻快乐。**

通过经济学理论，我们可以用一种十分现代的方法来理解这个观点。经济学家发明了字典序偏好的概念，他们认为人们在获取无法衡量的商品，也就是在价值上无法相互比较的商品时，常常会选用与字典中单词排序相似的方法。例如，我现在要给A类的商品1号、2号，B类的商品3号、4号、5号估价，那么1号和2号就可以拿来互相比较，3号、4号、5号也同理，但是不能将A类商品与B类商品进行比较，并且所有A类商品的排序都优先于B类商品。最终，我们得出的结论是，A、B两类商品可以在各自类别中进行交易，但是不能跨类别交易。在这里，将对美德的追求比作A类商品，将可取的无关紧要之物比作B类商品。在B类商品中，你可以交换此类别中的事物：金钱换教育、锦绣前程换家庭生活等。不过，对于斯多葛派信徒来说，在A类和B类两种不同类别的事物之间进行取舍是不可取的：如果是以损害你的品格为代价的话，那么一切都免谈。顺带一提，这代表着有些商品之间是完全不同的——比如美德和健康——在这种情况下，标准经济学理论并不适用。

这可能听起来有点令人费解，不过如果稍微思考一下，你就会发现，多数时候我们已经在使用这种字典序偏好的方法做选择了。比如，你可能会想去加勒比海的一个度假胜地旅游，你还认为这个想法很棒。因为"度假"和"花钱"在字典排序中属于同一类别，所以你愿意花掉辛苦挣来的钱来实现这个目标。但我坚信，你不管出于什么目的，也绝对不会卖掉你的女儿，至少绝对不会为了度假这么做。这是因为你的女儿在这个字典排序中属于更高的类别，而这个类别是度假无法与之相提并论的，尽管度假和女儿一样能使你开心。

不论用哲学还是经济学的术语来解释这个概念，都具有极强的说服力。如果你追随亚里士多德（坦白来说，他的很多学说都是常识），那么你需要跻身幸运的精英行列，否则你无法拥有幸福的生活。这个观点使很多人持续地被归到失败者那一边，并谴责他们对物质的追求，因为他们误以为只要能得到物质，就能得到幸福和价值。心理学家将这种现象称为"享乐踏车"：你一直在跑，但哪儿也去不了。相对而言，在犬儒学派的概念中，任何人都可以拥有美好的生活，但很少有人会像第欧根尼那样睡在木桶里或者当街大小便。斯多葛派选择了一个折中的方案——他们在美德和可取的无关紧要之物之间创造了一个字典排序法，按照前后次序将两者区分开来，明确两者的衡量不能使用同一价值标准，如此既巧妙地解决了问题，同时又保留了两个学派的精华。

第六章 是神还是原子?

　　神的本质是什么?是肉体吗?并不是。是土地吗?并不是。是名声吗?并不是。

　　是智慧,是知识,是正确的理性。

　　我们应从这里,并只从这里寻找善的本质。

　　　　　　　　——爱比克泰德,《论说集》2:8

　　我跟我的朋友爱比克泰德在某个问题上确实有很大分歧,不过,**尽管我们在这个基本问题上各执己见,却还能在"如何生活"这件事上保持意见一致,这大概就是斯多葛学派最宝贵的特质了吧**。正因为这种特质,无论人们是否信教,都能在斯多葛派中找到一席之地。人们带着对美德的共识,放下了在形而上学上的分歧,在这里共聚一堂。

　　当我向爱比克泰德请教他对于神的看法时,他回答道:"是谁让剑找到它的剑鞘？又是谁让剑鞘找到它的剑？有这个人吗？毫无疑问，这些成品的结构会让我们联想到：这是工匠有意为之，而非随意生成。那么我们能说，这些成品都有它们背后的创造者，而我们平时可见的事物、幻想和光就没有吗？难道男人和女人想要结合的渴望，以及想去实施这种渴望的勇气都是随意产生的吗？"这是一个著名的早期论证（写于公元2世纪），以设计论（design）来证明神的存在。此后也有不少人引用了这种论证，例如基督教神学家托马斯·阿奎那，不过最著名的引用可能要数19世纪的自然神学家威廉·佩利了。佩利早在达尔文提出《物种起源》之前几十年就阐述了他的构想：

假设我在荒野中行走，踢到了一块石头。再假设有人问我这块石头是怎么来的，那我可能会回答：它一直都在这儿。因为其他任何答案听起来都有点荒谬。但是如果我在地上看到的是一块手表，有人问我手表是怎么来的，我应该不会给出和刚才一样的答案，说它一直都在这儿了……在某时某地，一定有一位或多位能工巧匠将手表制作出来；这些能工巧匠知晓表存在的目的、了解表的构造、设计表的用途……存在于表中的精雕细琢、巧夺天工，无不彰显着其在自然中的存在；唯一的区别是，自然的机制比手表更为鬼斧神工、深不可测。

这个论点乍听起来铿锵有力,而且有信仰的人被问到为何会有宗教信仰时,估计也会马上搬出这一观点作答。可以想象,这也一定是无神论者会集中火力攻击的论点。我的意思并不是为了说服读者信奉宗教,或做个无神论者,毕竟本书不讨论宗教学,更不讨论无神论。但是,如果我做不到像在与爱比克泰德友好交谈时那样发表自己的观点,那么从理智上来说,我就很虚伪了。优秀的哲学家——或所有理性的人——都应该做到这几点:倾听别人的观点,学习并思考,然后约对方出去喝一杯,好好谈谈。

经过一番思考,我认为爱比克泰德(以及阿奎那和佩利)的观点在很长一段时间内都非常合理。直到18、19世纪,两位伟人(一位哲学家和一位科学家)分别向设计论打了一拳。这两拳虽然没有直接把设计论打趴下(这种情况在哲学中很少见),但我认为,设计论已经在很大程度上失去了它的吸引力,尽管一些神学家、哲学家,甚至一些科学家仍在极力辩护。

这两拳中的第一拳来自大卫·休谟,他写道:"如果我们看到一栋房子……我们会认为它肯定是哪个建筑师或者建筑工人的杰作,因为经验告诉我们,这是必然的。但你肯定不会拿宇宙和房子相比,认为它们有类似的起源,除非这两者是完全一致的。"休谟的观点虽然很微妙,却至关重要:他认为类比论证

(设计论就是其中一种)漏洞百出,因为类比常常不会是完美的,在某些情况下甚至会将人引入歧途。

更确切地说,休谟认为,如果我们看到一个人工制品,就能理所当然地推断出它出自人类之手,那么这仅仅是因为我们看到过,或者掌握了确凿的证据证明人类会造东西。但是对于宇宙则不然,我们从未见过宇宙是如何被创造出来的,也没有关于其创造者存在的知识——而这正是争论的焦点所在:宇宙是如何产生的?此外,如果真有这么一个创造者,我们也无从得知它的样子。因此,休谟带着一丝戏谑(在他那个时代,这么做是很危险的)继续他的写作:"如果真的要拿人类和宇宙的设计师进行类比,那我们定会得出结论,认为后者有以下几种特性:宇宙有很多设计师,他们也会犯错,并且终将消亡。"——所有这些描述都与基督教神学对神的描述相去甚远。

尽管休谟的论点有力地驳斥了设计论——这种理论依然会在当下的哲学入门课上被拿来探讨——但是他的理论漏掉了很重要的一块:给这个怎么看都像是经过设计的世界(尤其是生物界)一个解释。而此后不到一个世纪,伟大的生物学家达尔文就把这个漏洞补上了。达尔文的进化论直到现在仍然被广泛接受,这一理论科学地解释了为什么眼、手、心、肺就像手表和剑,虽然是自然的产物,但并不需要设计。此外,达尔文将生物外形的由来与世界上的苦难联系起来,引起了很大争议。

正如他在一封著名的信中所说:"尽管我和其他人一样看不到,但我们都希望能看到神对我们的设计和他的恩惠。这世界在我看来有太多苦难。我无法劝自己相信仁慈而又全能的神会创造出姬蜂这种生物,使它一点点蚕食活着的毛毛虫,也无法相信神让猫玩弄老鼠。由于不相信这些,我觉得也没必要相信眼睛是被特意设计出来的。"

当然,爱比克泰德并没有读过休谟或者达尔文的作品,于是我特意把最后一段给他看,他也给出了很有斯多葛派特点的回答。曾经有一天,他的一名学生伤了腿,抱怨道:"我以后就要瘸了吗?"他告诉我他当时是就事论事地回答的:"奴隶,你要为了一条坏腿而控诉全宇宙吗?"(爱比克泰德也经常管我叫"奴隶"或者"小子",虽然听着有点政治不正确,但我觉得这两个叫法既讨喜又很有道理:他自己就是个奴隶,而且我确实也比他年轻很多!)

既然这是斯多葛派形而上学理论中的一个重要观点,那就值得更仔细地剖析一下。即使爱比克泰德可以说是历史上最虔诚的斯多葛派信徒,但他肯定不会觉得神应该为人类的琐碎杂事烦心(更别说为了姬蜂这样的昆虫了,哪怕神知道了,可能也不会去关心)。正因如此,他才去调侃学生的伤腿,毕竟整个宇宙不会为了让这条腿不再疼而重组。更重要的是,许多斯多葛派信徒并不相信当代一神论中神的概念。他们更偏向于把神称作"逻各斯",解释起来则是"神的讲道"(就像继承了很多斯多葛派思想的基督徒所理解的那样),或者看作是存在于宇宙中的上苍。或者更简单来说,以更直观的角度来观察,无论宇宙如何形成,都能有理性的解释。爱比克泰德本人明确地告诉他的学生,他不认为神是某种外在事物,存在于"外面"某处:"你是神的一项主要作品,是他的一部分,他存在于你的内在……神跟随你到天涯海角,可怜人,你对此一无所知。你以为我说的是那些外在的金银之神吗?"这么看来,可以说斯多葛派信徒是相信泛神论的(或者万有在神论)——也就是说,他们认为神就是宇宙本身,因此我们都具有神性。而人与动物的唯一区别则是我们拥有神(宇宙)的最高属性:理性。这就是要运用理性解决问题才是得体的生活方式的原因。

这种认同神为自然的观点渊源已久,又被17世纪颇有影响力的荷兰哲学家巴鲁赫·斯宾诺莎进一步发扬光大。这一理论有时也被称为"爱因斯坦的神",因为这位著名的物理学家也表达过类似的观点。关于这个神的概念有两个要点:第一,神并不创造奇迹,也不会终止自然法则或四处干预来纠正错误;第二,相应地,从斯多葛派的观念来看,信仰这位神和认同宇宙是按照因果规律运作的,没有什么实质性的区别。这种非常现代的观念十分符合我们所理解的科学世界观。因此,我们可以用两种方式理解爱比克泰德对伤腿学生略带轻率的回复:要么是说神将宇宙作为一个整体看待，不会特别去注意每一个细节，因此在这种情况下抱怨个人问题就显得自以为是了；要么是说伤腿是由一系列因果关系导致的，结果出现时自然不会考虑学生的健康，由此看来抗议结果并没有用。不管是哪一种，要求更改已经发生的事情，无异于为了一条瘸腿指控整个宇宙。此外，这种申诉更是明目张胆地违反了爱比克泰德教学的基础——控制二分法原则。

爱比克泰德回答，他注意到了关于神的不同观点，但他只能理解其中之一：

> 第一种说法是有些人认为神不存在；第二种说法是有些人认为神虽然存在，但总是将自己置身事外，冷漠无情，不考虑任何事；第三种说法是有些人认为神存在，但只考虑大事和天上之事，凡间之事不在神的考虑范围内；第四种说法是神也会考虑人间之事，不过只考虑整体而非个体；还有来自苏格拉底和奥德修斯的第五种说法，他们说："不论我在哪儿，你们都看着我。"如果神不存在，那么人类怎么会将追随神作为他们的最终目标呢？而如果神存在，但对什么都漠不关心，那我们追随神又有什么好处呢？

虽然我很欣赏这一说法，但我还是提醒他，斯多葛派并不认为追随神是人类的最终目标，那只是他的个人看法。斯多葛派信徒，包括爱比克泰德都认为，我们应该在好好生活的同时追随自然，且只有在明白自然与神之间的关系后，才能合理地认为追随自然等同于追随神。而爱比克泰德从未这么做过。事实上，不仅是斯多葛派信徒之间，斯多葛学派与其他对手学派，如伊壁鸠鲁学派，在这件事上也存在分歧。虽然伊壁鸠鲁信徒通常被称为"无神论者"，但他们并非如此。他们就是我们今天所说的自然神论者，也就是爱比克泰德分类中的第三种人：根据他们的说法，神确实存在，但神沉浸在神的事物中，并不会关心凡间之事。对于伊壁鸠鲁学派信徒来说，这个世界是在原子间相互碰撞产生的混乱中诞生的，而人类尽管有运用理性的能力，他们做出的决定和行动依然受制于物质力量，而非神力。

一些斯多葛派信徒承认这种观点，另一些则发扬了伊壁鸠鲁学派的部分思想，认为哲学并非宗教，没有神圣之文，也不遵循不容置疑的教条。与之相反，正如塞涅卡所说："我所拥有的就是真实的。"意思是说，一个理性的人会把真理化为己有，不论真理是来自朋友还是来自敌人。

在如何看待神这件事上，与爱比克泰德有共同话题，但却比他更开明的斯多葛派信徒，非哲学家皇帝马可·奥勒留莫属。显而易见，马可是相信神的。一方面，我们可以从他的一些文字中看出，他并非仅仅将神当作自己的信仰，而是怀有一种意义更广泛的虔诚。例如，他写道："感谢神蒙恩于我，赐予我好祖父、好父母、好姐妹、好老师、好伴侣、好亲戚、好朋友、好的一切。"另一方面，他谈神也十分详细："因为你随时可能离开这个世界，所以你需要管理好自己的行为和思想。不过离开人世并不是一件可怕的事情，因为如果有神在，神是不会让你与恶为伍的；但如果神根本不存在，或者神不关心凡间之事，那么我生活在一个没有神或神之庇护的世界又有什么意义呢？不过神确实存在，也关心人间之事、赋予人类力量，防止他们堕入邪恶。"

不过，马可在《沉思录》中花了大篇幅反复强调，不论支配这个世界的是（任何形式的）神还是（伊壁鸠鲁学派所说的）混沌，都没什么大不了的。这显示了他相较于爱比克泰德，在形而上学上持有更不确定的态度。下面这段话应该能体现他的意思："你已启航，扬帆过海，抵达岸边，那就上岸吧。如果有来生，那就不需要神了，在那一世中也不需要。但如果要去的是一个无知无觉的地方，那么你也不会被欢愉和痛苦所支配了。"或者，我们再体会一下这段话："要么是注定的必然或无法改变的命定，要么是神意，要么是漫无目的的混乱。如果一切都是不可抗拒的必然，那还有必要反抗吗？但如果神意可以被满足的话，那就让自己做一个配得上神之庇佑的人吧。但如果一切都是无主的混乱，那就感激自己拥有在暴风雨中找到方向的智慧吧。"我们很难找到比这更全面的说法了！

聊到现在，你可能会奇怪我为何选择爱比克泰德作为我们斯多葛派探险之旅的同伴——因为他一直在不停地讨论神，与我的怀疑论观点完全相反。不错，从斯多葛派对神模棱两可的态度来看，你的确有理由质疑不信教的人会对这派学说如此感兴趣。而我认为，这个问题的答案也能清晰地指出，为什么斯多葛学派能在21世纪大放异彩。

在新无神论主义流行之前，我曾经是个自以为是的无神论者。那时我住在田纳西州，和坚信神创论的追随者与等着罗马世俗教育来启蒙的乡巴佬差不多，还和一批相信地球只有几千年历史的人进行了辩论。但我犯了一个严重的错误，不是错在地球的年龄（在这一点上，我确信我的科学理论完胜他们的宗教教义），而是错在参加那场辩论。我是在和当时的创造研究所（坦白说，他们并不研究怎么创造）副所长杜安·吉什进行了一次辩论后萌生的这个想法。我记得那晚，我抛出了几个自己很满意的观点驳斥（或者我自以为驳斥）了吉什。不过在那场辩论后，他的支持者们彬彬有礼地走到我身边，对我说："你知道，尽管我仍然不相信你是对的，《圣经》是错的，但我很欣赏你今晚在和吉什博士的辩论中展现的友善和得体。"让他们印象深刻的并不是我精妙的科学论据，而是因为我的表现证明我并不是他们所预料中的蠢材，而更像是一个举止得体的人。

这一点在我日后与许多信徒接触后得到了无数次证实，他们中不仅有基督徒，也有其他教派的信徒。此外，我了解到在多数时候，我和他们在处理日常事务上并没有什么区别。如果我们说的是信仰主流宗教的信徒，而非原教旨主义信徒的话，我们在很多关乎伦理和政治的大事上的观点多数时候没有太大差别——尽管我的观点出自无神论，而他们的出自其信仰。用哲学术语来说，我们在形而上学上的不同观点并没有让我们在看待问题——包括关于"生活中什么最重要"，以及"如何对待他人"这类问题——的方式上产生很大分歧。要是这样的话，我为什么要远离那些心怀信仰的对话者，进入到新无神论的帐篷中呢？毕竟后者和那些原教旨主义者一样排外。

那这又和斯多葛学派有什么关系呢？斯多葛派一开始吸引我的地方，正是可能被他人当作弱点的地方：通过斯多葛派对于逻各斯的模糊解释能看出，斯多葛派信徒造了个相当大的帐篷，欢迎所有人加入：不论你是无神论者还是不可知论者，泛神论者或是超泛神论者，只要你不把你在形而上学中的观点强加给别人，你都可以加入。你是基督徒、穆斯林，或是犹太教徒？没关系，你可以把逻各斯当作创造宇宙的神的核心属性。你的形而上学观点更倾向于神无所不在，也就是说，神就是自然本身吗？那么你看了早期斯多葛派学者对于宇宙理性原则的概念后，会在斯多葛派这个大家庭中感到很亲切。你是不可知论者或无神论者？如果是的话，逻各斯所代表的宇宙的理性结构，则是无可辩驳的事实了。即使我们不知道这种结构源于什么——是设计的结果，还是因果律的产物？如果并非如此，那么逻辑、数学、科学本身就无从谈起，而你是相信这些的，不是吗？

请注意，这并不是懒得思考所得出的结论，也不是要把彼此矛盾的立场都搅和在一起以达到政治正确。这只是意识到如果要好好生活，什么才是最重要的——古人所追求的幸福，和到底有没有神的存在没什么关系。如果有的话，和神的属性也没什么关系。此外，就像西塞罗那句智慧的箴言那样："哲学中有太多问题至今都没有令人满意的答案。不过这些问题中，对于神的本质的讨论是所有问题中最神秘、最难解的一个……在这一问题上，最博学的人也给出了千奇百怪又截然不同的说法，正如一句真理所言——哲学是无知之子。"这句话在两千年前是对的，哪怕你今天是第一次听到，它仍然是对的。那么，我们何不在这件事上放下争吵，一起探讨一下如何才能过上美好生活呢？

第二部

行动原则：如何处世

第七章　品格与美德

> 人啊，留心一点：你会以什么价格出卖你的意愿呢？若非万不得已，可别贱卖了你的意愿。
>
> ——爱比克泰德，《论说集》1:2

某个晚上，爱比克泰德向我讲了一件他很喜欢的小事，他经常会用这件事引出更广泛的哲学观点。故事的主人公名叫赫尔维迪乌斯·普里斯库斯，是一位罗马政治家（也是斯多葛派信徒）。他拥有异于常人的精力和运气，不过最终还是用光了。他经历了几任皇帝的统治，从尼禄到加尔巴、奥托，再到维特里乌斯，最后是韦斯巴芗。按照我们的朋友兼向导的说法：

> 当韦斯巴芗不允许普里斯库斯进入元老院的时候，后者回应道："你可以罢免我的议员身份，不过只要我还在

任,我就得进去。""那你进来吧,"韦斯巴芗说道,"不过你要保持沉默。""不询问我,我就保持沉默。""我肯定要询问你的。""那我就肯定会表达我认为正确的想法。""你要是开口,我一定会杀了你。""我什么时候说过我永远不会死?你做你的,我做我的。杀不杀我是你的事,安然赴死是我的事;驱逐我是你的事,无怨无悔地接受放逐是我的事。"你可能会问,普里斯库斯这么特立独行,有什么好处吗?同理,紫色染料对衣服有什么好处呢?好处就是,紫色能体现衣着卓越的特质,从其他颜色的衣服中脱颖而出,成为典范。

可想而知,韦斯巴芗说到做到,普里斯库斯被赶出罗马(这是他人生中第二次被放逐),并很快就被皇帝派人刺杀了。爱比克泰德再次问道:"普里斯库斯这么特立独行,有什么好处吗?"这个问题的答案显而易见,却难以言喻。在这个例子中,显然这位罗马议员没有落得一个好下场。作为一名热忱的共和政体议员,他并不承认韦斯巴芗这个皇帝,但是共和政体在当时已经被完全废除,而普里斯库斯的死也连累了其他人:他的妻子范妮娅委托赫利尼乌斯·塞内西奥(斯多葛学派的一员,反对后来弗拉维王朝的图密善皇帝)为她被害的丈夫写一首颂词,导致塞内西奥被处死。不过在爱比克泰德口中,这些人的勇气和荣耀"体现了他们的卓越，使他们脱颖而出，成为典范"，还是很有道理的。这也是我们会在普里斯库斯牺牲将近两千年后仍对他心存敬佩的原因。

现代的"爱比克泰德"能给哲学系学生们讲很多后来的，甚至是当代的与之类似的故事，虽然每个故事的主人公和具体细节差别很大，但是从这些故事来看，自罗马时代以来人性并没有什么改变，既没变好，也没变坏。马拉拉·优素福扎伊就是一个例子。她的故事虽广为流传，但还是值得我们回顾一下。马拉拉自 11 岁起就匿名在英国广播公司（BBC）的网站上写博客，揭露塔利班在巴基斯坦斯瓦特河谷地区（马拉拉的家族在当地开了许多学校）实施的暴行，特别是禁止女性接受教育。后来马拉拉出演了《纽约时报》的纪录片，这使得她逐渐进入公众视线，也导致她成为塔利班的袭击目标。2012 年 10 月 9 日，一个杀手登上了她的校车，喊着她的名字找到了她，随后朝她开了三枪。奇迹般地，马拉拉居然死里逃生，成功活了下来。

仅仅这次经历，就足以将马拉拉与普里斯库斯，以及几个世纪以来不同文化背景中众多反抗残暴恶行的人相提并论了。然而，对马拉拉来说，枪击仅仅是个开始。尽管她本人和她的父亲齐亚乌丁都受到了塔利班的威胁，马拉拉仍然公开为年轻女性的教育权益积极发声。甚至有说法认为，她的勇敢行为促成了巴基斯坦出台首部《教育权利法案》。2014 年，当时 17 岁的马拉拉被授予诺贝尔和平奖，成为该奖项最年轻的获得者。我相信她会继续奋斗，也希望她能拥有幸福的人生。马拉拉改变了世界吗？我认为她做到了，无论是实践（这一点她比普里斯库斯幸运）还是作为他人的榜样——她的确已成为"他人的典范"。

不过本章不是要讲榜样（我们之后会讲，因为榜样确实对斯多葛学派有重要影响），而是要讲品格的重要性，以及与之相关的美德概念。可以说，这两个词一针见血地反映出了美国政界左派与右派之间的巨大分歧。保守派更倾向于探讨品格和美德，即使他们并没有真正去践行；而自由派则出于本能，认为保守派稳定物价的行为只是他们实施压迫的伪装罢了。此外，在这片基督教盛行两千年的土地上，很难将基督教教义中的"美德"与此前提到的古希腊－罗马式"美德"区分开来。不过，我认为将两者区分开来仍然十分关键——这么做能让我们重新认识到超越政治分歧的品格与美德。并且，如果保守派和自由派真如他们所说在乎他们的价值观念，他们也可以，或者说应该接受这一概念。

让我们从了解斯多葛派的四种基本美德，以及它们与同受基督教启发形成的现代美德的关系开始。我们会从实际经验看到，这些美德，或者与之相似的优秀性格特征（其实也是美德），在经历了不同文化及时间的洗礼后仍能始终如一。这一点至少能证明，美德对于人类这种具有文化的社会生物来说是十分重要的。

斯多葛派对美德的理解源于苏格拉底：他认为所有美德其实是"智慧"这一潜在特征的不同面相。苏格拉底认为，智慧是"为善之首"：它是唯一一个在任何情况下都"好"的人类能力。不难想象，其他能力只在特定的情况下是"好"的，一旦情况发生变化，能力也可能会随之改变。可以肯定的是，富裕优于贫穷，健康优于病弱，博学多才优于愚昧无知（以上是几对标准的可取和不可取的无关紧要之物）。不过，我们还需要知道怎么处理以上这些情况。换句话说，我们必须拥有智慧——并以这种能力来熟练应对生活中或复杂，或烦琐，或自相矛盾的情况。

斯多葛学派采用了苏格拉底对美德四个层面的分类，认为这是四种紧密相连的品格特质：**实用的智慧、勇气、节制、正义**。实用的智慧让我们做出选择，提高幸福感，过上（从道德上来说的）美好生活。勇气可以是身体上的，但更广泛地指道德方面——比如说，像普里斯库斯和马拉拉那样在危机中泰然应对的能力。节制让我们能控制自己的欲望和行动，以免我们过于放纵。而正义，对于苏格拉底和斯多葛派来说，并不是一个研究社会如何运作的抽象理论，而是以尊严和公正对待他人的具体实践。

斯多葛派（及苏格拉底学派）美德的一个重要特征是"不同美德无法独立践行"：根据斯多葛－苏格拉底的定义，一个人无法做到既毫无节制，又具有勇气。虽然我们可能觉得，若一个人在战场上表现英勇、大杀四方，那么尽管他酗酒无度、脾气暴躁，也是很正常的事。但这样的人在斯多葛派看来不具有美德，因为美德是一个整体，不能割裂来看，一旦有部分被损坏，即意味着整体消失。（我可从来没说过斯多葛派哲学要求不严苛。）

基督徒用这套美德来做了什么呢？他们最大程度地将其采纳并进行拓展。史上伟大的基督教神学家之一托马斯·阿奎那在他1273年的著作《神学大全》中创造了"神圣美德"这一概念。阿奎那保留了斯多葛派的四种美德，并特意添加了三种基督教特有的美德：信仰、希望、慈善。这三种美德最先是由塔尔苏斯的圣保罗提出来的。因此，阿奎那的体系由四种基本美德和三种所谓的超然美德构成，他将这七种美德划分为七个阶层：智慧是基本美德中最重要的（与苏格拉底观点一致），但四种基本美德都处于超然美德之下，慈善则居于超然美德的首位。

其他文化也都或多或少地发展出了自己的美德，作为重要的社会品格特征，不同文化又对不同美德之间的关系进行了分类。有意思的是，在文化相对主义已成常态的今天，不同文化对美德的定义比我们预期中要相似得多。凯瑟琳·达尔斯加德、克里斯托弗·彼得森和马丁·塞利格曼等人进行了一项研究，探讨了佛教、基督教、儒家思想、印度教、犹太教、道教，以及他们称为"雅典哲学"（主要是苏格拉底、柏拉图和亚里士多德三人的思想）对美德的定义。他们在以上这些宗教－哲学传统中发现了相当惊人的一致性，并将其称作六种核心美德体系：

勇气——情感力量，包含了对意志的磨炼，以便在面对内外之忧时达到目标；例如勇敢、毅力、可靠（诚实）等。

正义——公民力量，是构成健康社区生活的基础；例如公正、领导力、公民权利、团队合作等。

人性——人际力量，包含"照顾和结交"他人；例如爱与善良等。

节制——保护我们免于放纵的力量；例如宽恕、谦逊、审慎、自控等。

智慧——认知力量，包含对知识的获取和使用；例如创造力、好奇心、判断力、洞察力（向他人提供建议）等。

超凡——与更广阔的宇宙建立联系，从而提供意义的力量；例如感恩、希望、精神性等。

以上六种美德中的思想都源于斯多葛派美德。斯多葛派信徒也承认"人性"和"超凡"的重要性，但不认为这二者属于美德，而属于对待他人（人性）以及对待宇宙（超凡）的态度。斯多葛派版本的人性扎根于"视为己有"，以及赫罗克莱斯与之相对的关注圈的概念，这些都是犬儒－斯多葛学派中世界主义概念的中心：我们应该像对待亲人一样对待我们的朋友、熟人、同胞，乃至全人类（甚至有些斯多葛信徒认为，全部有感知的生物也该被包含在内）。

至于超凡，斯多葛派的逻各斯拥有一种洞察力，能探寻我们与宇宙之间的关系，以及在宇宙中的位置。举一个我最喜欢的例子，马可·奥勒留提醒自己定期进行冥想："毕达哥拉斯学派信徒叮嘱我在清晨仰望天空，从而提醒自己，那些天体一直在以同样的方式做着同样的事情，它们纯粹而又毫无保留，因为星星是不会把自己藏在面纱下的。"我喜欢最后一句话中蕴含的诗意，而我在环游世界的过程中，也时常在清晨冥想。我很享受冥想带给我的惬意，也把它当作一个有益的自省，提醒我在繁忙的生活中停下脚步，抬起头看看我所身处的浩瀚无垠的宇宙。

让我们回到美德的话题。从广义上讲，我并不是想强调只有斯多葛派能真正理解美德，而其他学派不能。我想表达的是，发展出生活哲学的人类社会陆陆续续提出了很多类似的观点，而这些观点则被我们称为美德。我不想揣测这种汇聚同源的倾向是否源于人类早期的生物进化，尽管从灵长类动物的比较研究中发现，我们与其他灵长类动物共享了一些我们称为"道德"的亲社会行为。达尔斯加德和她的同事们还指出，这一结果和他们做的几项无文字社会中（例如格陵兰岛北部的因纽特人，以及肯尼亚西部的马赛人）美德的研究结论相似。不论是从生物学、文化，还是两者结合的角度来看，即使是有不同宗教哲学传统的不同人类社会，似乎也都很重视其社会成员品格特质中相同的核心品质，而两千年前的斯多葛学派所教授的正是这种品质。

我之前讲过，一个人对于"品格"的看法能直接反映出这个人在政治上的取向（保守派或自由派）：保守派认为我们应当在学校、家庭乃至整个国家中强调品格的重要性，而自由派则反对这种言论，认为这是一种对白人男性特权以及父权堂而皇之的维护。我认为这是一种不幸。鉴于整个人类文明对品格的重视，品格这一概念并不该被局限在西方社会的某一个政治派别中。爱比克泰德等古人认为，品格不仅贯穿人类的心理演化，也是我们个体身份的基本："将议员的长袍放到一边，披上破布，并展现那种品格。这样的话，我们还能展现我们高贵的气质吗？你现在扮演的又是什么样的角色呢？"爱比克泰德在提醒我们，不管我们穿的是议员的长袍、华尔街上班族的正装，还是大学教授的经典粗花呢西装配肘部补丁，不管我们在社会中的角色是自我选择、偶然为之，还是命中注定，一个人真正的价值都在于他的内核——我们的品格。

正因如此，在提升自己品格的同时，获得去评估他人品格的能力，在社会生活中有着至关重要的地位。关于这一点，有件犬儒派信徒第欧根尼的趣事。有一天（大概是他在成为全职哲学家之前，作为银行家的那段日子），有个人请求第欧根尼为他写一封推荐信。第欧根尼告诉这个人："你是一个人，这一点别人看一眼便知；至于你是好是坏，有能力的人都能通过自己的能力发现；但若是那人没有这个能力，即使我写一万封信，他也没办法发现。"爱比克泰德进一步为我阐明了这一观点："你拿着一枚德拉克马银币[①]找人鉴定真伪，如果你找到了鉴定银子的行家，你可能会把自己介绍给他。因此，就像金属鉴定者有能力辨别真伪一样，我们也应当具备一些指导自己生活的能力。这样，我就能像那位鉴定家一样说出这种话：'随便给我

---

① 希腊旧货币单位。

一枚德拉克马银币,我都能告诉你真假。'换句话说,如果你要和一个鉴定品格的行家交往,你的品格就是最好的名片。"

我是在看 2016 年总统初选时想到这些的,而当时意大利恰好也在举行地方选举——包括罗马市市长选举。两国选举的相似之处既令人激动,也令人沮丧。我认为,第欧根尼会认为大部分(不一定是全部)的候选人——不分政治派别和国家——都有明显的品格缺陷。好吧,看来犬儒主义者的标准对大多数人来说都太高了,不过在我看来,崇高的理想和残酷的现实之间横亘着一条鸿沟。因为这条鸿沟过于巨大,而一些人还是会赢得最终的选举,某人也将成为世界强国的总统。想到这些,我就感到浑身不自在。

公平来讲,如果我们没有亲眼见过一个人,没有与他长久交往,是很难判断他的品格的。不过公众人物就不一样了,我们能从现代媒体中搜集他们所说所做的种种证据,也能从他们的行为模式中收集重要线索。根据这些标准,我从这些候选人身上几乎感觉不到勇气或节制,只看到了装装样子的正义和少得可怜的实用的智慧——而实用的智慧恰恰是美德中最重要的。

品格在政治领域扮演着墨守成规的角色:保守派通过特定的平台强调他们候选人的品格,而自由派却反其道而行之。但无论是在政治还是日常生活中,这两者并没有太大区别。我当然想知道某位总统或市长候选人对于气候变化、外交事务、政治和经济不平等、个人权利等重要问题的看法，不过显而易见的是，一旦他真正就职，不论命运强加给他多么复杂的政治、经济、社会局面，他都要去一一处理。而为了在这些问题上找到解决方向，需要的就不仅仅是一些大概看法了，哪怕这些看法在理论上讲是正确的。这时候需要的是基本美德：在艰难险阻下做出正确之事的勇气、遏止过度放纵的节制、顾及他人会被影响的正义，以及使他在变幻莫测的局势中应对自如的实用智慧。

爱比克泰德巧妙地用了一个航海的隐喻来阐述这类观点：

> 对舵手来说，沉没一条船远不及拯救一条船所耗费的资源更多：如果他在风向中不小心转舵过了头，船就会沉；是的，如果他掌舵没有经过深思熟虑，而只是想要吸引注意力，那么他肯定会翻船。生活中也一样：如果你打了会儿瞌睡，你在此前积攒的一切都会离你而去。保持清醒，注意自己给他人留下的印象：你所积累的绝不是鸡毛蒜皮，而是自尊、荣耀、忠诚，以及不忧、不虑、不惧的从容不迫——换言之，就是自由。你打算用它来换取什么呢？好好看看你的决定值不值得吧。

不论是公众人物还是我们自己，都需要培养品格和美德。但我们同时要保持警惕，以防我们掌舵的船沉没——这艘船可能是一个国家，也可能是我们的个人生活——因为也许是一刹那的不经意，就可能将我们的所有毁于一旦。最重要的是，我们需要认识到自己正直的价值；如果我们决定要变卖它，也绝不应该贱卖。每每读到这些文字，我都会想起政治丑闻和腐败，但想要根除这些问题，或许我们要改变自身的不足：不正当的行为、为了方便而在原则上做出的妥协、在关键时刻缺乏的勇气、纸上谈兵的正义、用以炫耀的节制，以及在处理生活中大大小小事务上明显不足的智慧。

第八章　至理名言

如果你能指出一个人的错误,那么他可能会改正自己;但如果你没能指出错误,就不要怪这个人继续错下去了,因为他会认为自己是对的。

——爱比克泰德,《论说集》2:26

不久之前,我去吉奥内剧院看戏,罗马城区散布着很多这样的剧院。当天上演的是由欧里庇得斯创作的经典悲剧《美狄亚》,它于公元前431年在雅典的酒神节上首次公演。在当时,初演的效果并不理想,欧里庇得斯也因此在当年的戏剧竞赛中排名末位。没想到,他反而笑到了最后。与此相反,欧里庇得斯的竞争对手福里翁虽然在当时赢得了比赛,其作品却在不久后被渐渐淡忘了,而《美狄亚》却成为20世纪演出场次最多的古希腊悲剧。

当晚的领衔主演是意大利名演员芭芭拉·德·罗西。美狄亚是一个非常具有挑战性的角色，因为演员需要表演出对这个角色的同情心——美狄亚可是为了报复自己出轨的丈夫伊阿宋（"阿尔戈号"的英雄之一，后因与当地公主出轨抛弃了美狄亚）而亲手杀害了自己的独子啊！演出末尾，合唱团大受震撼（在雅典首次公演时也是如此），无法理解刚刚在舞台上发生的事情：

> 变幻莫测的上苍啊！
> 您安排了太多的绝望。
> 我们期望的事情从未实现，
> 未曾预料的事情却一再发生；
> 就让一切随风，抹去所有痕迹吧！

芭芭拉出色地演绎了美狄亚这一角色。当然，她的成功很大一部分要归功于欧里庇得斯对人类强烈又纠结的爱恨情仇的研究。你看，美狄亚曾为了帮助丈夫伊阿宋从她的家乡偷走了传说中的金羊毛，甚至背叛了自己的父亲，谋害了自己的弟弟。她这么做是为了爱情，同时也是为了逃离自己那"野蛮"的国家，来到文明的希腊（别忘了这出戏可是一个希腊人写的）。这出戏吸引人的一个原因是，它既可以（并且已经）解读为厌女和仇外的故事，也可以解读为原始女权主义的故事，讲述了一位女性在男权社会中的斗争。

美狄亚展现出的近乎暴烈的情感,似乎与斯多葛派所倡导的超脱态度大相径庭。不过,通过这个故事,爱比克泰德提出了一些关于人性和哲学实践的重要观点。我们等下再回来谈美狄亚,所以先别放松。

我在教书的时候遇到过与爱比克泰德一样的问题:有些学生非常想学哲学,但被父母告知学哲学不实用,完全是浪费时间。爱比克泰德认为:"我们需要在有这种观点的愤怒家长面前为哲学辩护:'父亲,假设我学哲学是错误的,并且对自己适合什么一无所知,无法通过学习了解什么适合我,你又为什么要指责我呢?如果我可以通过学习了解,那你来教我吧。如果你没法教我,那就让我从那些能教我的人那里学习吧。你怎么想?你是怕我学坏,或是故意想学不好吗?'"我认为他这么说不错,但却没有直击问题的核心。我们要做的不是宣称哲学能使你变成一个更好的人,而是要以令人信服的方式展示它真的可以做到。

于是爱比克泰德继续说道:"我们同意一件事情的原因是什么?因为我们相信事情就是这样。我们不可能会同意看起来不可能的事情。为什么?因为我们生来如此——相信真实的事情,反对虚假的事情,在不确定的事情上不做判断。""也许吧,"我答道,"不过要有实际的例子才能说服我,更要说服我学生的家长。""想想看,就当现在是夜晚,感受一下周围的景色。这是不可能的。就算不考虑现在还是白天,这也是不可能的……当一个人同意错误的事情时,你要知道他并不想这么做,就如柏拉图所说:'没有任何灵魂会自愿拒绝真理。'听起来很有意思吧?我想说的是,没有人会故意犯错。不管我们做什么,我们都是因为有自己判定正确的标准,想着它们是正确的才会去做。"

在近代,汉娜·阿伦特也在她充满争议的观点"平庸之恶"中提出了类似的看法。阿伦特被《纽约客》杂志派去报道对阿道夫·艾希曼的审讯。艾希曼是纳粹高层人物之一,曾是一名党卫军中校,在希特勒针对犹太人的"最终方案"中负责后勤工作。阿伦特为杂志写了一系列极具争议性的文章,并最终被收录于她的著作《艾希曼在耶路撒冷:一份关于平庸的恶的报告》中。

这本书的争议部分集中在阿伦特对于"恶"的定义,她认为恶是缺乏思考的结果。也就是说,人们通常不想作恶,也不会觉得自己是在做恶事。但是,他们也倾向于不加批判地遵循普遍的观念。事实上,在艾希曼的例子中,他们通常会认为自己做了一件好事。这位中校为自己工作的效率感到自豪,却从来没想过,会有成千上万无辜的匈牙利人因为自己的工作而失去了性命。

我找到了阿伦特最后一次接受采访的录音带,她进一步澄清了她对于平庸之恶的看法(括号里罗列了一些德语关键词的其他译法):

> 在战争期间,恩斯特·荣格遇到了一些农民,其中一位曾接待了从集中营里放出来的苏联战俘,他们自然非常饥饿——你知道苏联战俘会有什么下场。这位农民对荣格说:"他们不算人,跟畜生差不多——你看看他们进食这么狼吞虎咽的,就跟牲口一样啊!"荣格对此评论道:"有时候感觉德国人好像被魔鬼附身了一样。"他说这句话并不是指德国人有多邪恶。你看,在这个故事中,有些事情是极度愚蠢的(dumm:无知的,愚蠢的)。我是说这个故事很蠢。这个农民并没有意识到饥饿的人会狼吞虎咽,对吧?任何饿急了的人都会这么做的。但这个农民的愚蠢中有一种骇人的(empörend:令人震惊、令人反感的)东西……艾希曼非常聪明,但在这方面他也表现出了类似的愚蠢(dummheit:不理性、无知)。而正是这种无知让人愤怒。这也是我所谓的平庸。这(无知)并不深奥——也与邪恶无关!这只是一种对换位思考的拒绝,对吧?

阿伦特和爱比克泰德都提到了一个斯多葛派的关键概念,

这个概念源于苏格拉底：人们不会故意作恶，只会因为"无知"而作恶。不管我什么时候提到这种说法，总会有人对此感到十分愤怒。什么？我是认真在说希特勒不算恶吗？我怎么能如此天真？或者说我对希特勒怀有可疑的同情心？不过，就像是哲学上的很多术语一样，"恶"与"无知"与我们通常认为的意思不一样。

"恶"这个词似乎引出了一种不必要的形而上学。如果我们的作为仅仅是一种简单的不愉快的行为，那倒没什么大问题。但我们常常一谈起"恶"，就会陷入一种名为"具体化"（说白了就是捏造）的谬误中。也就是说，一旦谈到了一个概念，就会把它作为一个独立的存在，好像它就"在那儿"。以"恶的象征"一词为例，如果说"希特勒是恶的象征"，也就是说，希特勒是恶的具象化体现。但"恶"并不是由某一个独立个体来定义的，它没有形而上学的统一性，而只是人们对极端坏的事情的简称，或者是导致做这种极端坏的事情的品质的简称。因此，从一个重要的哲学角度来说，"恶"并不存在（但特别坏的事情是存在的！）。

现在，让我们来考察一个更难理解的概念——人们出于"无知"而作恶（这里的"恶"非形而上学的"恶"）。在《对话录》中，柏拉图借苏格拉底的话说："智慧是人类唯一的善，无知是唯一的恶。"这句话一直被误解。柏拉图用的词是 amathia，而它的意思并不是"无知"。哲学家舍伍德·贝兰吉亚在这一话题上做了很多论述，我们应该看一下。

贝兰吉亚一开始引用了苏格拉底与友人阿尔西比亚德斯的对话（摘自柏拉图的《对话录：阿尔西比亚德斯篇》）。阿尔西比亚德斯是雅典将军、政治家，两人的对话是从道德的角度展开的：

苏格拉底：如果你感到困惑，是不是像我们之前说的那样，你不仅不了解那些伟大的事物，还自认为你很了解？

阿尔西比亚德斯：恐怕是的。

苏格拉底：哎呀，阿尔西比亚德斯啊，你这是干什么啊？我都不敢直说你到底在干什么，不过既然现在只有你我，那我就开诚布公了。我的好友，你被愚蠢缠上了，还是最卑劣的那种；你用自己的话质疑自己，而这似乎也是你在受教育之前就匆忙投身政治的原因吧。不过你并不是孤身一人，城邦那几个管事的也是如此，不过你的监护人伯里克利倒是个例外。

"无知"和"愚蠢"在希腊语里对应的分别是 agnoia 和 amathia。在雅典人中，阿尔西比亚德斯受过最高等的教育（这个"最高等教育"就是我们平时说的意思),他显然聪慧过人(这里说的"聪慧过人"也是我们平常说的意思)。所以,不论是英语中的"无知"还是"愚蠢",显然都不能真正表达出苏格拉底的意思。而说阿尔西比亚德斯缺少智慧:他还未接受"教育"就"匆忙投身政治",指的是他没有那种来自美德的智慧。苏格拉底将他的朋友与伯里克利所做的对比也很有启发性:伯里克利是雅典著名的演说家,不仅受过良好的教育,而且十分智慧,这使他成为一名杰出的政治家。而可悲的是,阿尔西比亚德斯缺少的正是这些特质。与愚蠢(amathia)一词最相近的解释是"欠缺智慧"——也就是sophia,哲学(philosophy)一词的词根。

贝兰吉亚对此补充道:"agonia一词的字面意思是'不知道';anathia的字面意思是'不学习'。不学习除了指没有学习能力,还指不愿意学习。罗伯特·穆齐尔①在《论愚蠢》一文中区分了两种形式的愚蠢:一种是由于缺乏自然能力而导致的所谓的'光荣的愚蠢',另一种则邪恶得多;被称为'聪明的愚蠢'。"

贝兰吉亚还引用了哲学家格伦·休斯的观点,休斯对amathia的概念进行了进一步的阐述,认为其与纳粹德国有关。

---

① Robert Musil,20世纪奥地利小说家,其著作包括《学生托乐思的迷惘》(1906年)及《没有个性的人》(1930—1933年)等。

休斯认为,"聪明的愚蠢并不是指极度缺乏智慧,因为聪明的愚蠢只想要去达成一些无权达成的事情"。聪明的愚蠢并不是心理缺陷,但却极为有害;是一种危险的思想疾病。这种危险"并不是因为无法理解,而是拒绝去理解,(并且)无论是通过理性论证、积累大量数据,还是通过体验全新的感受,都无法治愈或者逆转这一病症"。聪明的愚蠢是一种"心灵疾病",需要心灵治疗。

由此看来,amathia 似乎是英语中缺少的关键词。它是智慧的反义词,是一种对与人相处的不了解,这会导致除此之外身心健全的聪明人犯下可怕的错误。此外,有 amathia 特征的人无法简单地被理性论证说服,虽然他们能理解论证,但他们的人格有严重的缺陷。正如斯多葛派所言,人格是随着时间的推移,由本能、环境影响(尤其是家庭引导)和理性结合而成的。如果一个人在早期的成长中就出现了问题,那么今后出现在他身上的 amathia 是很难仅靠理性来修复的。

这也终于能让我们把话题重新绕回美狄亚了。爱比克泰德提醒,欧里庇得斯为美狄亚设计了这么一句台词:

> 我很清楚我想做的事情有病态,
> 但我的激情压过了内心的劝告。

爱比克泰德补充道:"在她心中,内心的激情,以及对丈夫的复仇所带来的快感已经胜过了保全自己的孩子。"是的,我回答道,不过她明显是被蒙蔽了。他说:"那么你为什么会对她感到愤怒呢?是因为这个不幸的女人在最重要的事情上被蒙蔽了双眼,变得蛇蝎心肠吗?如果是这样,那你为什么不可怜可怜她呢?就像我们会同情盲人和跛脚的人一样,我们也应该同情那些在主要官能上'盲眼、跛脚'的人。我认为,将此铭记于心的人是不会对任何人生气、愤怒、谩骂、指责、憎恨、冒犯的。"

这是一种对人类状态惊人而又深刻的洞察,同时还展现出了某种程度上的慈悲,这种慈悲在基督教的民间传说中有更多体现(相较于斯多葛派)。而且说这句话的,是奴隶出身最终成为老师的爱比克泰德。他说,美狄亚知道通过折磨自己的孩子来报复丈夫伊阿宋是错误的,但她的情感(复仇)压过了理智,最终导致她痛下狠手。爱比克泰德建议我们不生气、不愤怒,而是对她施以同情,因为她并不"邪恶",只是缺乏某种重要的东西,就像一个"跛脚的人"(爱比克泰德也用这个词来描述自己)。确切地说,美狄亚缺少智慧,并深受 amathia 的影响,这种无知使得普通人在某些情况下无法合理判断,并做出了可怕的事情。如果我们把斯多葛派的这种态度(佛教、基督教中也有相同的态度)内在化,我们就不会再对任何人生气或者愤怒,也不会谩骂、指责、憎恨或者冒犯别人了。我觉得这样的话,世界会变得比现在好得多。

爱比克泰德进一步解释了为什么他认为美狄亚是一个悲剧人物：

> 每个错误都意味着矛盾：因为犯错之人并不想犯错，他本想做正确的事，但最终所做却并非他的本意。小偷想做什么呢？他想做对自己有利的事情。如果盗窃对他没有好处，那他做的就不是他想做的事。不过，每个理智的人天生都不喜欢矛盾：因此只要某个人不清楚他处于矛盾之中，就没有什么能阻止他做出自相矛盾的行为；但是如果他意识到了这一点，那么他也会随之意识到他必须停手，避免做自相矛盾的事情。

也就是说，美狄亚并不想犯错，她确信自己在做正确的事。我相信爱比克泰德也会认为艾希曼处于同样的情况——尽管他与美狄亚所处的境况、做事的原因与结果都截然不同。

现代心理学家发现了一种与此相关的现象——认知失调。最先提出这一现象的是心理学家利昂·费斯汀格①，他认为认知失调是一种极度不适的心理状态，指某人做了两个同等正确的

---

① Leon Festinger，美国社会心理学家，以其在 1957 年提出的认知失调理论著称。

判断，又意识到这两个判断之间存在矛盾。人们不想经历认知失调，就像爱比克泰德所说的人们不愿意明知故犯一样。因此，他们会为了缓解这种不适而给自己找个理由，做出自以为正确的判断——哪怕这些理由在外人看来简直荒谬绝伦。早在公元前6世纪，伊索就在他的著名寓言《狐狸和葡萄》中诙谐地描述了这个道理。

令人惋惜的是，患有认知失调的人既不愚蠢，也不无知。我曾经遇到过一些人，他们既聪明又受过良好的教育，却无一例外地反对达尔文的进化论——有史以来最坚不可摧的科学理论之一。这些人别无选择，只能否认，因为他们认为，该理论与《圣经》以及他们作为虔诚基督徒的人生参照点有着不可调和的冲突。如果我们判断达尔文的话是正确的，那么自然而然——甚至可以说是合理的——也会有人认为比起达尔文，上帝的话才是正确的。我相信爱比克泰德和我都不会为此感到惊讶，就像我第一次遇到原教旨主义的创世论者时表现的那样。不过，我当时毕竟年轻（某种程度上讲也没有现在有智慧）。正如作家迈克尔·薛莫观察到的那样：越是聪明的人，越能将他们的认知失调合理化。以阴谋论者为例，他们总能为自己充满漏洞的理论自圆其说，解释世界到底是怎样运作的。

那怎么办呢？心理学研究在这里应该能派上用场。我们知道，若想帮助学生改变他们对科学概念的既定认知，最好的办法就是有意地增强他们的认知失调，直到他们对此感到不适，并自行去寻找新的资料来解决这一矛盾。当然，这个方法不是什么时候都有用。我不觉得它适用于美狄亚或者艾希曼，但它能帮我们很好地理解现状，以及（可能的话）能让我们对此做些什么。

尽管如此，我还是和汉娜·阿伦特的反对者们一样持有相同的顾虑：平庸之恶和amathia难道不是为可怕的行为找借口吗？退一步说，这不是在鼓励我们消极对待"恶"吗？爱比克泰德自然也对此进行了认真思考："'这样的人骂了你。'很多人会觉得幸亏他没有动手打你。'但他也打了。'很多人会觉得幸亏他没让你受伤。'他确实伤到我了。'很多人会觉得幸亏他没杀了你。他是否在某一刻，从某个学派的思想中了解到'人类是一种温柔且善于交际的动物，作恶的人会在自己的恶行中受到伤害'这一观点呢？如果他没学过或者相信过这个观点，那他为什么不去做一些对自己有利的事情呢？"

如果这个听起来不像"贴脸给人抽"，那我真没什么可说的了。但即使爱比克泰德从未停止过关于忍耐和耐心的劝告，他确实判断出了这一问题的症结所在。由于作恶者深陷amathia，他无从知晓什么对自己是有利的，因此在作恶的时候最先伤害到的是他自己，伤害最深的也是他自己。而对他自己有益的事与对全人类有益的事其实并无出入，用斯多葛学派的观点来说，就是**用理性来改变生活**。

对于我们其他人来说,要谨记人们作恶是缺乏智慧。这不仅提醒我们要常对他人抱有怜悯之心,也告诉我们培养智慧的重要性。

第九章 榜样的力量

"我要怎么做才能避免遇到凶猛的狮子、残暴的野猪或是野蛮的人?"如果赫拉克勒斯说出这种话,那他还能叫赫拉克勒斯吗?我说,你担心什么?如果野猪出现了,你就与其进行一场苦战;如果恶人出现了,你就从他手中拯救这个世界。

——爱比克泰德,《论说集》4:10

1992年10月13日,我在电视上收看美国副总统候选人的辩论演讲。毕竟我直到几年前才搬到美国,美国人这种将电视辩论作为"信息娱乐"的概念对于我来说非常新奇。辩论台上站着三个人:两位职业政客——阿尔·戈尔和丹·奎尔,以及一位看起来有点窘迫的人——詹姆斯·斯托克代尔。那晚对于斯托克代尔来说可不好过,虽然他以"我是谁?我为什么来这儿?"这种俏皮话开场,但观众很快发现他并不是在开玩笑,他确实不知道自己在做什么。斯托克代尔看起来有点笨拙,但我怎么也没想到,在他去世的十几年后,他会成为我的榜样。你看,斯托克代尔是一位现代斯多葛信徒,他的故事也很值得一说。

我们要把时间调回到 1965 年 9 月 9 日。就在一年前,随着"北部湾"事件爆发,美国开始全面参与越南战争。这一事件说起来有点古怪:美军舰艇在夜间发了几枚空炮后,时任美国总统林登·约翰逊将其作为官方借口,下令对北越实行"报复性"轰炸。消息发布时,时任美国海军战斗机第 51 中队指挥官斯托克代尔正好在北部湾,他对此评论道:"报复什么呢?"结果被勒令保持沉默。

9 月 9 日,斯托克代尔驾驶战机在北越上空飞行时被击落,随后被俘虏。他被关到了所谓的"河内希尔顿"战俘营中,遭受了非人的虐待——被拷打、被折磨,常常戴着脚铐被关在一间 2.5 平方米的牢房里(连窗户都没有),并在那里被关了 7 年。此外,为了不沦为北越的政治宣传工具,斯托克代尔先是用一把剃刀割破头皮,自毁容貌。当发现这招并不奏效后,他又用凳子把自己的脸砸得鼻青脸肿,让自己失去了利用价值。有一次,为了避免受刑而暴露战友们的地下活动,他甚至选择了割腕。最终,斯托克代尔被释放,并回到了美国,而当时他已经奄奄一息。回国后，他的身体逐渐康复，并在1976年被授予代表军人最高荣誉的勋章，以嘉奖他超越职责范围的英勇表现。

当斯托克代尔在采访中被问及有哪些人没能从"河内希尔顿"生还时，他回答道：

> 哦，很简单，那些乐天派，就是那些说着"我们圣诞节就能回家"的人。可是圣诞节来了又去，他们没能出去。于是他们接着说"等到复活节就能回家了"。可是复活节来了又去，他们还是没能出去。接着是感恩节，再后来又到了圣诞节。他们就这样在心碎中死去……这件事教会了我很重要的东西。你不能把终将胜利的信念（你最输不起的东西）与自己面对残酷现实的训练混淆，无论这个现实有多么残酷。

采访者将这段话称为"斯托克代尔悖论（The Stockdale Paradox）"，不过他也可能是追溯到了这一思维模式的根源：爱比克泰德。早在1959年，斯托克代尔就被海军送去斯坦福大学攻读国际关系和比较马克思主义硕士学位。斯托克代尔逐渐发现自己对日常课程并不感兴趣，反而喜欢去哲学系溜达。在那里，他遇到了菲尔·维兰特教授，而这位教授也彻底改变了斯托克代尔的人生。在第一学期的中途，海军出身的斯托克代尔选报了维兰特教授的一门两个学期的课程——"好与坏的问题"。为了帮斯托克代尔补上他落下的课程，赶上其他学生，教授在办公室对他进行一对一辅导。在他们的最后一次补习中，维兰特教授拿起一本爱比克泰德的《手册》递给斯托克代尔，并说道："你是一名军人，我觉得你会对这本书感兴趣的，腓特烈大帝每次出征都会带着它。"在这之后，斯托克代尔多次阅读了《手册》和《论说集》，并将自己从越南生还的经历归功于爱比克泰德——给予了他道德的力量，帮助他克服困境，并让他保持理智清晰，意识到什么是自己能做的、什么是做不了的，因此活了下来。这是斯多葛派控制二分法的一个极端例子。1981年，斯托克代尔进入斯坦福大学的胡佛研究所工作，并在任职的12年间撰写了大量有关斯多葛派思想的文章，教授了很多相关课程。

我写这些并不是要为美国干涉越南的行为辩护（斯托克代尔也知道，这件事本身就因谎言而起），更不是要将当时的北越人妖魔化。这只是一个值得我们深思的个人小故事。斯托克代尔明白一条关于战争的真理，而这条真理也能应用到人生中：不论是面对敌我双方的武器（以战时为例），还是面对我们的日常生活，掌握道德制高点并保持自尊比真正的现实更重要。要达到这种程度需要一番心理斗争，而这也正是斯多葛学派如此实用的原因：这一学派本身就是一场心理游戏，致力于让人保持道德制高点和自尊。

斯托克代尔第一次面临真正的考验是在1965年的9月9日——他的飞机被击落的日子。他回忆道:"从驾驶座上弹射出来后,我大概还有30秒能做我最后的自由声明,在那之后,我就落在了一个小村庄的主街道上。为了帮助我自己,我低声自言自语道:'至少要待5年。我要离开科技的世界,进入爱比克泰德的世界了。'"

在他着陆并被俘虏时,斯托克代尔对爱比克泰德的控制二分法更加熟稔了,尤其明白如何掌控自己人生的道德制高点。在几分钟内,他从一个受人敬仰的、指挥着100名飞行员和超过1000位军士的军官,变成了被五花大绑、受人诋毁的罪犯。当他快速从降落伞中挣脱出来时,12个男人已经围了上来:"他们对我拳打脚踢,毫不留情,大概持续了3分钟,直到一个戴着木髓帽的男子吹响了口哨,他们才停手。我的一条腿伤得很重,我当时就知道这辈子都治不好它了,后来也确实没治好。"他随后回想起爱比克泰德因为遭受自己的第一任主人毒打,也有一条伴他一生的伤腿,而对此,爱比克泰德是这样评价的:"跛足是腿的障碍,而不是意志的障碍;今后不论发生什么,都要和自己说这句话。因为你会发现,它可能会成为其他事情的障碍,但绝不会成为你的障碍。"接下来,斯托克代尔有7年的时间来好好领会这位希腊哲学家的话到底有多么正确。

当斯托克代尔被带到"河内希尔顿"时，他下定决心按照爱比克泰德建议的去做：演好命运安排给他的角色。他时常提醒自己，只要不向两件事情——恐惧和失去尊严——屈服，敌人就不会获胜。斯托克代尔对抓住他的人做了研究，尤其是负责拷打他的人。假如爱比克泰德和阿伦特也在那儿，他们肯定也会认同他的观点的。斯托克代尔认为这个人并不邪恶，而只是在做他认为正直的工作。说起来可能令人惊讶：斯托克代尔没有对拷问他的人产生憎恶，反而有些敬佩。行刑人的职责是为了摧毁囚犯的精神，向他灌输恐惧。知晓这一点的爱比克泰德给出了唯一可能的回应："当一个人既不怕死，也不在乎是否活着时，一位暴君此时出现在他面前，他会恐惧吗？不会。"

多亏了对爱比克泰德哲学思想的实际运用，斯托克代尔成了一个极有使命感的人，即使是瘸着腿在监狱中煎熬着。他建立了一个秘密的囚犯协会，而作为其中级别最高的军官，他尽最大的可能下达合理的命令去抵抗敌人。他会给士兵们实际的建议，告诉他们在受刑时什么可以透露给敌人、什么不可以透露。美国政府规定，被俘士兵只允许向敌人透露他们的姓名、军衔、编号，以及出生日期，而这样依然会使很多人快速丧命。斯托克代尔自行设计了一套方案，其中包括不在公共场合鞠躬、不承认任何罪行——这一切都是为了阻挠北越利用囚犯的形象进行政治宣传。不出所料，这些宣传片的效果事与愿违，因为很多士兵都利用出镜的机会捉弄俘获他们的人。有一次,斯托克代尔的朋友内尔斯·坦纳被要求提供交还飞机以表达反战立场的飞行员的名字,他给出了两个名字:克拉克·肯特[①]中尉和本·凯西[②]中尉。坦纳为他的反抗付出了代价:先是被绳子连续吊了 3 天,后来又被戴着脚镣关了 123 天禁闭。

最终,北越发现了美军俘房的抵抗行为,随后将斯托克代尔和其他 9 人单独监禁了 3 年半到 4 年多不等。斯托克代尔的另一位同伴豪伊·路特里奇,最终在活着回家后报考了一门硕士课程,并写了一篇讨论到底是酷刑还是单独监禁更能击垮犯人的论文。为了收集研究数据,他向自己的战友和其他有过被俘经历的人发放了调查问卷。结果十分惊人:那些被单独关押两年以下的人认为酷刑更难熬;而被单独关押两年以上的人认为比起受刑,还是单独关押更让人难受。这是因为,一个人在这么长的时间看不到任何人,会极度渴望朋友,不管这个朋友的身份、意识形态、政治立场如何。斯托克代尔通过爱比克泰德的教导解读了路特里奇的发现——真正击垮一个人的不是身体上的疼痛,而是羞耻。他记得,自己从被俘的经历中解脱出来后,曾经问过爱比克泰德的教导成果是什么,后者答道:"宁

[①] DC 娱乐公司的系列漫画、影视《超人》中的主人公超人的名字。
[②] 美国医疗连续剧《本·凯西》(*Ben Casey*)中的主人公。越战期间,美军通常用本·凯西代指医疗兵。

静、无畏和自由。"这些在詹姆斯·斯托克代尔身上体现得淋漓尽致。

一个重要的问题是,到底是斯多葛派哲学使得斯托克代尔无畏于刑罚和监禁,还是说斯多葛派哲学仅仅是他内在品格功绩的事后合理化展现?用更哲学化的语言描述,就是:美德可以被后天教授吗?还是说每个人生来就具备美德,只是因人而异?不仅古希腊人详细地讨论过这个问题,现代生物学和发展心理学也发现了与其相关的大量实证。

在《柏拉图对话集·枚农篇》(Meno)中,枚农问苏格拉底:"苏格拉底啊,你能告诉我,人类的卓越是可以被教出来的吗?如果不能被教出来,是可以被训练出来的吗?如果既不能被训练出来,也不能被教出来,那美德是天生的,还是可以通过其他方式获得?"经过一番长谈,苏格拉底得出结论,卓越(或者美德)或许能通过学习获得,但由于并不存在能教美德的老师,这一说法也就无法被实际证明了。这也就意味着,卓越的人可能在出生时就具备了这种天赋。不过亚里士多德却持有不同的看法,他将道德美德和智力美德严加区分,认为前者源于自然性格和后天养成的习惯,而后者则源于成熟思维的反思。这样看来,美德有三个来源:有些源于自身的天赋,有些源于后天的习惯(尤其是幼年时期),有些可以通过智力获得(因此是可以被教会的)。

这种获得美德的"混合"模式恰好与斯多葛派哲学和认知心理学的现代研究相符。如我们所见，斯多葛学派有一套发展的道德模式，认为我们天生就具备一种能力：从儿时起，我们就不仅会关心自己，也会关心和照顾我们的家人，以及日常接触到的人。当成长到了具备理性的年龄（大概七八岁）时，我们便开始通过两种方式塑造自身性格中的美德：习惯和（人生后期的）清晰的哲学思考。

在现代心理学中，关于人类如何培养美德的最著名的理论，要数劳伦斯·科尔伯格的"道德发展六阶段"理论了。这一理论的形成基于让·皮亚杰的原始研究，并结合了大量的现代实证。科尔伯格描述的六个阶段被分成三个时期：前传统道德时期（从服从和惩罚的阶段开始，到自我定位的阶段），传统道德时期（从人际和谐和从众的阶段开始，到维护社会秩序和响应权威的阶段），后传统道德时期（从回应社会契约的阶段开始，到遵守普遍伦理原则的阶段）。科尔伯格的理论在一些层面上受到了批判，其中包括过分强调理性决定和正义伦理观（与直觉决定和其他道德美德——对别人的关心——相冲突）。但这一观点似乎确实对不同文化的人都很适用，哪怕这些文化中对人生阶段的强调、人们经历人生阶段的速度各不相同。无论如何，我们无须笃信某一个关于道德心理发展的现代理论，也能得出结论：我们通过本能、训练，以及（很多人推崇的）清晰的批判性思维获得伦理道德。这一理论和一些生物学家经过反复研究得出的结论不谋而合。这些生物学家研究了多种不同生物体内的基因与环境的相互作用后，得出结论：复杂的特征——尤其是那些行为上的——似乎总是通过基因和环境的连续反馈（先天与后天相结合）发展获得的。当然，对于人类来说，环境的一个主要方面，指的就是我们的文化和我们在社会中的人际关系。了解了这些，我们就可以回过头继续谈斯多葛派哲学了。

像前面提到的斯托克代尔、阿格里皮纳斯、普里斯库斯、马拉拉这样的榜样，都证明了斯多葛派哲学是一门实用哲学，而非一种抽象的哲学理论。虽然斯多葛派也提出了一些道德原则，教我们如何处世、过上幸福的生活，但他们更加看重人们处世中的真诚，而不是纸上谈兵。于是，观察和模仿榜样便成了发展美德的有效方法。我们在现代社会也这么做：把公众人物树立成年青一代的榜样。但是眼下有个问题：我们挑选榜样的眼光可不怎么样。我们包装和追捧演员、歌手、运动员，以及"明星"，最后却不出意料地发现他们的卓越——记台词、唱歌、打篮球，或者在网络上获得大量的赞——与他们的道德人格毫无关系。

我们时下对于"英雄"这一词的滥用也是个问题，这一现象在美国尤其严重。一些为了保全公共利益而愿意自我牺牲的人，确实配得上这个称号（尽管这些人不一定非要出自军人或者警察)。但是，如果一个人在恐怖袭击中丧生，那么他不能被称为英雄，而应是"遇难者"。他有可能并没有展现出勇气或其他方面的美德，而仅仅是在错误的时间出现在了错误的地点。当然，我们理应哀悼他，但给他贴上"英雄"的标签对发生在他身上的事情并不公允，对于真正的英雄来说不公平，也会使人们对于这个词的理解产生误会。

关于榜样，还有一点要谨记（斯多葛派信徒对此了然于胸）：**他们不是完美的人，因为根本就没有完美的人**。此外，将完美作为我们定义榜样的标杆，几乎意味着我们给榜样设定了一个不可能达到的标准。当然，某些宗教会这么做。对于基督徒来说，耶稣是所有"好"的融合，但这样的榜样想要被模仿是非常困难的，毕竟信徒们若要模仿他，就是要模仿神了。这注定无法成功，我们要接受神的怜悯，踏上作为救赎的道路。

斯多葛派信徒作为人类心理学杰出的鉴赏家和实践者，展现出了与众不同的处世方式。塞涅卡曾撰文讨论过智者（理想的斯多葛派榜样，或者圣人）的本性。对于批判他把成为智者的门槛抬得太高的评论家，塞涅卡回答道："你没有理由因为自己做不到，就说我们找不到智者；我们并不将智者当作人类不现实的荣耀，也不将他幻想为不真实的强大幻影，但我们会像描绘他的形象一样将他刻画出来，他也许非同寻常，也许千年难遇，因为伟大的人一直凤毛麟角；但我认为，这位发起此次讨论的马库斯·加图，甚至超越了我们的榜样。"

马库斯·加图，史称"小加图"，是罗马元老院的一位元老，也是尤利乌斯·恺撒的政敌。加图是一位罗马贵族——这个身份也是他所在时代的产物，他意识不到他所崇拜的罗马共和国不仅十分不平等（虽然其程度远不及他避之不及的后期罗马帝国），而且还是建立在奴隶制和军事征服之上的。例如，在公元前72年，他自愿报名去镇压由奴隶斯巴达克斯所率领的起义军，显然，他脑子里就没想过这次起义可能是由于极度的不平等所导致的。他可能与多数罗马人一样，也没注意到女性在这个社会中低下的地位。换言之，以现代社会的标准，他绝对无法被称为榜样。但这样做，我们无疑是在强人所难，因为这完全超越了他的成长背景，相当于以神的标准来要求他，而以他所处文化和时代的标准来衡量的话，他确实能称得上是一个榜样。

加图从小就异于常人，14岁时，他问他的导师萨尔珀冬，为什么没人上前阻止独裁执政官卢基乌斯·科尔内利乌斯·苏拉的非法行为？他的导师回答他，虽然人们恨苏拉，但是更惧怕苏拉。加图则回答道："给我一把剑，让我把我们的国家从被奴役中解放出来。"萨尔珀冬为了以防万一，从此再也没让加图在罗马单独玩过。加图开始学习斯多葛派哲学之后，即使继承了大笔财富，仍过着十分简朴的生活。在28岁时，加图被授予马其顿的军事指挥权,但他仍与士兵们一起行军、一起吃饭、一起睡觉,因此很受士兵们的爱戴。后来,加图很快在他的政治生涯中树立起了清廉的名声——这不仅在当时,在任何时代都非同凡响。作为检察官,他起诉苏拉的线人非法挪用财政资金及谋杀。他被派往塞浦路斯后,又以极其正直的态度管理公共书籍(这也十分罕见),并为罗马共和国的国库筹集了7000塔兰特[①]白银。要知道,这在当时可是一笔巨款:1塔兰特重32.3千克,而1塔兰特就足够支付9个技工一年的工钱,或者相当于一艘三层桨座战船上200名船员一个月的工资。

最终,加图与恺撒公开决裂。恺撒步苏拉的后尘,率领一支军团越过了卢比孔河,向罗马元老院宣战。加图对此留下了一句名言,"Alea iacta est"(骰子已经投出),接下来就如历史所记录的一样:恺撒的军队在经历了一次挫败后,最终在希腊的法萨罗击败了元老院的军队。加图拒绝投降,并撤退到了现今位于突尼斯的尤蒂卡。恺撒乘胜追击,最终在塔普苏斯与加图及其盟友的决胜战中大获全胜。加图拒绝被敌人活捉和利用,于是,他做了件罗马人会做的事情:试图用匕首自杀。剩下的故事,就让史学家普鲁塔克来讲述吧:

[①] 古代两河流域及欧洲等地最大的重量单位及币制单位。

加图并没有马上咽气，而是挣扎着跌下了床，撞倒了立在床边的一张数学用桌，巨大的声响惊到了仆人，使其大叫起来。这一叫，他的儿子和所有的朋友立即赶到了他的房间，看到他倒在自己的血泊中，肠子一大部分都已经流到体外，他却仍然活着，睁眼看着他们，把到场的人吓得大惊失色。医生走上前，试图把他没有被刺穿的肠子缝回去；但是加图却恢复了意识，发现医生的意图后，一把推开他，把自己的肠子扯出来，撕开伤口，立刻就断气了。

恺撒对此并不开心，评价道："加图，我就像你恨我保全你的性命一样恨你的死。"这样，你能理解为什么塞涅卡认为这个人是真正的斯多葛派领袖了吧？

说了这么多关于酷刑、单独监禁，以及扯出自己的肠子而拒绝提供政治利益的极端行为，你可能会认为斯多葛派哲学虽不是遥不可及，但却非常严苛。我的同事、公共哲学家奈杰尔·沃伯顿在一次访谈中问我："在日常生活中怎么办呢？毕竟，人们现在很难再去面对如此极端的情况，或展现出这种程度的勇气和耐力了。"

这是个好问题，不过答案也非常简单：听完这些伟大榜样的事迹后，我们不仅会受启发，看到人类所能做到的极致，还会受到提醒，看看我们现在的生活有多么轻松。这样的话，当你的同事遭受了老板的不公平待遇时，为他挺身而出应该就不需要那么大的勇气了吧？我是说，最坏的情况也就是你被炒鱿鱼，并不是被单独监禁，或被严刑拷打。既然不用冒着军事失败的风险和自杀的可能来捍卫我们的荣誉，那么在日常生活中，真诚待人应该也不难吧？想象一下，如果我们每个人每天都多拿出一些勇气、一些正义感、一些节制、一些智慧，那么世界将会比现在要好多少啊！斯多葛派的冒险就是通过知晓诸如加图、斯托克代尔，以及我们遇到的其他人的事迹，来帮助我们更清晰地看待事物，也就是说，**成为比现在的自己更好的人**。

第十章　如何应对生理与心理缺陷

生活的基本目标不是离开轮椅。

——劳伦斯·贝克 [①]

斯多葛派哲学的目的是帮助人们把生活过到极致，但这又有了一个问题：斯多葛派哲学能帮助那些为生活所迫的人吗？不仅指那些陷入艰难处境的人，还包括那些一辈子都生活在困境中的人——例如离不开轮椅的人，或者与精神疾病做斗争的人。答案似乎是"可以"，至少部分时候是可以的。哲学不是万灵丹，也不应该被当成是万灵丹。

本章我们将暂别好友爱比克泰德，去结识三位现代斯多葛

---

① 出自劳伦斯·贝克在国际脊髓灰质炎后遗症健康组织会议上的视频演讲。

派信徒，了解一下他们是如何通过哲学应对脊髓灰质炎、抑郁症，以及自闭症带来的后遗症的。如我们所见，古人在讲学时经常会引用真实或虚构的榜样（例如苏格拉底和半神赫拉克勒斯）举例。而我们在本章会遇到几位现代的斯多葛派榜样，从他们的思想和行为中，我们或多或少能受到启发，然后从容地去应对生活中的大小难题。

拉里·贝克①退休前曾在威廉玛丽学院（College of William and Mary）任职哲学教授，他写过一本关于现代斯多葛派概论的书。我是因为读这本书认识的拉里，后来我在纽约花了几个月的时间与我的朋友格雷格·洛佩兹，以及其他对斯多葛学派感兴趣的人一起讨论书中内容。如果你没有哲学相关的知识，就很难读懂拉里的书，因为他的写作风格可以说是不同寻常。在书的开头，他将斯多葛派信徒称为"我们"。显然，他很认真地将斯多葛派哲学当作自己的人生哲学了。

我当时完全没意识到他有多认真！偶然一次，我发现我的好友，同时也是纽约城市大学的同事，"老哲学学者"（指的是他研究古典哲学，并不是指他的年龄很大）尼克·帕帕斯是拉里的前同事兼好友，于是我就在他的介绍下认识了拉里。

拉里曾患脊髓灰质炎，并在其后遗症的折磨下生活了几十

---

① 拉里即劳伦斯的昵称。

年。尼克向我介绍了拉里如何克服疾病对自己的影响,并在教学和学术生涯中大放异彩。而了解了这样的非凡事迹后,我对拉里的书,以及他对斯多葛派哲学的兴趣有了全新的看法。我从拉里那里得知,他曾在2006—2009年间担任国际脊髓灰质炎后遗症健康组织的会长兼主席,其间他为该组织录制了一段视频。也是在看了这段视频后,我完全理解了为什么拉里·贝克能成为深得斯多葛派哲学精髓的现代榜样。

拉里在青少年时期患上了脊髓灰质炎(当时是1952年,脊髓灰质炎疫苗尚未研发成功),之后很长一段时间,他不得不在疗养院度过。起初他四肢瘫痪,只能通过一个"铁肺"[①]进行呼吸。经过两年半的治疗,他的双腿开始逐渐恢复,但双臂仍处于瘫痪状态。拉里的呼吸系统受到了脊髓灰质炎的影响,并且病情随着年龄的增长不断加重。由于拉里无法使用隔膜,他只能通过颈部肌肉来呼吸;而当他进入睡眠状态后,呼吸便会完全停止,直到他体内的二氧化碳浓度攀升到一定程度,将他憋醒。拉里苦笑道:"这真不太方便。"因此,他在入睡以及平时休息时,都会随身携带一个便携式呼吸机。随着年龄的增长,拉里之前在医院里恢复的身体功能也逐渐衰减,导致他如今无法正常教学,只能一对一授课。

---

① 一种协助丧失自行呼吸能力的病人进行呼吸的辅助医疗设备。

在视频的开头，拉里提到，早先他还可以离开轮椅活动，甚至自由上下楼、出入他授课的教室。但在1980年左右，他的身体状况逐渐恶化，他也开始害怕去上课或者参加教师大会。他最初的反应是不想接触任何人，只是试图避免走路或者爬楼梯。但他很快意识到，自己连从办公室走到校园这短短的四步路都没办法完成了。当时的他整天坐在办公桌边虚度时光，为出门和回家感到忧虑。

他一开始还以为自己得了某种恐惧症，可能还连带着惊恐发作之类的症状，于是他去看了一位专门做康复治疗的精神科医师。这位医师双目失明，想象一下，对于他来说，考上医学院并拿到执照可绝不是一件轻松的事！医师的诊疗室在一座老房子里，从停车场走出来，拉里需要踏上五级不平整的台阶，还要再走四级台阶才能到走廊。这可不是什么好事。

听拉里介绍了自己的情况后，这位医师问他此时此刻有什么事情使他烦恼，拉里没好气地回答道："想想一会儿要怎么走出你的房子，我就来气。"医师平静地拿起电话，打给他的秘书，问她房子的背后有没有一条直通停车场的斜坡，秘书说有。医师又问拉里："你现在感觉怎么样？"

"挺好的。"拉里回答道。

接下来，医师为拉里遇到的问题提供了一系列可能有效的解决办法："能不能换个办公室？""不能。""那学校能为你建个斜坡吗？""或许可以。"医师告诉拉里，在医学院学习时，他需要坐地铁上下学，而那时他怕极了地铁的站台。"我这么怕是有理由的，"医师说，"所以你看，我现在选了一座没有地铁的城市。"听到这里，拉里突然觉得自己有点愚蠢。学校确实为他建了一个斜坡，他也有一辆能用脚控制的轮椅。这件事很好地证明了斯多葛派在理论外的实用性。

拉里经过反思认识到，这种事情在他这辈子发生过不少次，不过也会发生在其他任何人身上，无论他们是否是残障人士。这促使他提出了一些建议，帮助他人建立一种属于自己的生活哲学，无论这些人残障与否。

第一，拉里意识到了能动性[①]的重要性。对他来说，在这个世上掌握主动性很重要，而不是作为一个"病人"活着。他有艰巨的任务要完成——例如，首先要**成为一个掌握主动权的人**。在生命之初，作为无助的婴儿——拉里称之为"入门级人类"——我们是"病人"，无法自主生活。我们慢慢地学习，摸爬滚打，一步一步获得主动权。当我们长大成人，可以自主生活时，也就获得了主动性（这与我们熟悉的斯多葛学派的道德发展学说完全符合）。拉里认为，正是那些最具毁灭性的残疾剥

---

① 在哲学中，指行动者在特定环境下的行动能力。这里的描述近似"主观能动性"或主动性，即通过思维与实践的结合，主动地、自觉地、有目的和计划性地反作用于外部世界。

夺甚至消除了我们的主动性。但是，拉里说，即使脊髓灰质炎使你全身瘫痪，瘫痪本身也不会永远剥夺你的主动性。虽然你可能需要经历一个痛苦而缓慢的过程，才能将它重新夺回来，就像拉里经历的一样。事实上，他也确实将应对自己的身体障碍这件事，当作了一个重新夺回主动权的过程。

拉里指出，当你重新夺回主动权后，你就与世上其他人处在同样的位置了：你得成为一个能好好发挥你的主动性的人。拉里说，要做到这一点，你需要将下列这些因素组合起来：价值观、偏好、目标、思考、决定和行动。如果这些要素不连贯、不完整或者偏弱，那么无论你的身体状况如何，你都处在一个瘫痪的状态。犹豫不决也会使你处于瘫痪之中，在这样的情况下，你为了尝试多种选择，而无法全身心投入到一件事中。从现代认知科学的角度来看，面对菜单上五花八门的选择和4S店里琳琅满目的新车，或许并不是什么好的体验。更复杂的是，世界本身也在不断变化，这要求我们相应地调整自己的目标、决定以及行动来适应这一变化。换句话说，我们要学习如何在不断变化的环境下保持自身的主动性。就像航空公司的飞行员一样，我们需要不断学习新的技能，只不过没有条件像他们那样有模拟飞行器做演练学习。人生只有一次，我们要"边飞边学"，而不是窝在一个安全的角落学习。下面这一点可能会让你压力更大：我们"飞行"的过程中可能还载着很多我们很在乎的乘客!

第二，我们需要关注的是我们的能力，而不是障碍。拉里已经学会了无视他的残障，或者至少把它当作不可取的无关紧要之物。做到这一点需要掌握一些其他技能，例如时刻把注意力集中在你的能力上。对于每一个人来说，我们应该把目光聚焦在力所能及的事情上，而不是去考虑我们做不到的事情。**比起说"我做不到"，不如说"我能换个方法来做"。**

我们还需要实践苏格拉底派给我们的任务：认识你自己。认识我们的生理与心理能力，包括认识我们的极限。蒙昧的自我认知与自我欺骗是十分危险的。我们需要时刻对自己保持最新的、最准确的认识。要达到这一点不仅仅要靠我们自身的能力，还取决于我们在不同时期所处的特定（以及多样）的物质环境和社会环境。拉里还建议我们，训练自己去辨别自身能力和行为之间何时会失调。我们必须要建立一套"内部报警系统"，它能告诉我们什么时候应该停止隐忍，重新夺回自主权。拉里从他自己的经历得知，认识自己的过程很难，这需要不断的实践，需要我们具备明察事理的能力。

第三，我们需要为人生做规划。对此，哲学家说：我们需要总览人生，制订计划，并在"考虑到所有事情"后做决定。这不是那种天真的想法——早早地找出你这一生想做的事，然后按部就班地实施计划，这太老套了。相反，拉里建议我们养成一个习惯，思考什么事对我们很重要，以及做这些事的最佳方法。当然，我们还需要及时调整人生规划，以应对我们自身能力和周围环境的变化。我们的这份动态计划应该具有连贯性，能展示我们的野心，可实施且可修改，最好还能不断提高我们的生活满意度。拉里承认，由于他没能在20世纪80年代末看清事情的本质，他选择排斥脊髓灰质炎带来的后遗症；如果他当时能客观地看待这件事，他立即就会告诉自己：害怕爬很长的楼梯也在情理之中。

第四，我们要努力做到内心和谐，也就是要试着去协调我们（动态）的人生规划的各个组成部分。我们需要协调自身的精神体验与理性体验、欲望与需求，以及理智与行动。"对我个人而言，我更想过和谐的生活，而不是成为传记作家、记者和狗仔笔下的趣闻。"拉里睿智地说。

最后，拉里提醒我们要小心"高墙"。我们碰壁的时候会意识到它们的存在；不过，要是能在撞上南墙之前就看到它们最好了。根据拉里的说法，诀窍在于知道何时退出：不要太早，也不要太晚。为了避免撞墙，我们不仅需要在一生中不断了解自己的能力，还需要分辨出挡在我们面前的是否是堵墙。"如果它只是你的幻觉，那你就可以通过它；如果它真的是堵墙，那么你就需要绕着它走，或者要完全换个方向走了。"拉里补充道，问题在于，我们有时候很难分辨出哪些墙值得担心，哪些可以被我们推倒。拉里解决这个问题的方法是回归本心。他首先是寻找自己的基本人生目标和承诺：对与自己结婚46年的妻子的义务，以及二人共同生活的目标；对他的职业的责任；对为所有人创造一个物质上、社交上都十分友好的环境的义务。只有当这些义务都存在风险，或者当他狠狠地撞上了一堵真正的高墙的时候，他才会停止。之前的斜坡在拉里的认知中并不属于这一范围："不依靠着轮椅不能算是个基本生活目标。"

我很难再多说些什么了。我对于拉里十分敬佩，他是一位认真的学者、一位坚定的斯多葛派信徒、一位在极其艰难的环境中践行自己哲学理念的人。我打算在下次碰壁的时候也想着拉里的话，说不定这堵高墙很可能只是我的想象罢了。就像爱比克泰德的那句名言："一忍再忍。"

我们要讲的第二个榜样人物是（运用自己的哲学渡过难关的现代斯多葛派信徒）安德鲁·奥弗比，他所对抗的是抑郁症。与拉里的情况不同，我至今从未见过安德鲁本人，我们是通过博客和社交网站聊起来的。当然，我希望读者们知道，我并不是从个人经验出发来讲这些例子的：我很幸运，并没有经历过以上这些艰难处境。不过，人类的伟大之处就在于思想和情感交流，即使不见面，也能通过文字的力量传达信息。虽然我们永远无法切身体会另一个人的感受，但可以获得足够多的理解，产生同理心。

安德鲁从他的角度描述了斯多葛派哲学能为他做的事情。我重申，这些描述并不是来自像我这样从未经历过抑郁症，见到别人身处困境，也只能从理论角度给出建议的人。相反，在展现实践哲学方面，安德鲁是个绝佳的例子，他通过寻找解决自身问题的方法辨别什么是对自己有用的，什么是没有用的。和拉里的看法一样，安德鲁并不认为斯多葛学派能像变魔法一样治好他的抑郁症。不过，他确实在践行斯多葛派哲学的过程中找到了一些有用的东西。

首先，他认为患有抑郁症的人存在一个共性：他们会持续关注自己和自身的心理状态。而斯多葛派哲学则训练人们关注自己的反应，并带着批判性的思维去看待和理解这个世界。

安德鲁是在24岁时与斯多葛派哲学相遇的。彼时，他罹患了抑郁症，主要是因为意识到自己对生活的期待与现实世界有巨大差距。这种感觉就像对生活的重新评估，同时也意味着自己即将努力摆脱过去的执着。于是，安德鲁在得知斯多葛派哲学在很多层面上与佛教相似之后，便开始阅读相关资料。此外，在参观阿肯色州的克林顿图书馆时，他发现，克林顿总统对斯多葛派的哲学家皇帝马可·奥勒留给予了高度评价。（我在这里给大家留一个开放性的问题：比尔·克林顿在他的执政生涯中表现得像一位斯多葛派信徒吗？）这激起了安德鲁的好奇心。除此之外，在古罗马时期，斯多葛派的目标之一就是达到内心的宁静。这不仅对普通人有益，对深受抑郁症折磨的人更加有益。斯多葛派信徒试图通过培养积极情绪，关注并消除负面情绪来达成这一目的。（我们之后会仔细研究一下这个技巧。）安德鲁还被斯多葛派的其他方面所吸引：这一学派团结他人的精神，对我们所处的消费过度的社会中"身外之物"的摒弃，以及对他人负责的强调和身陷逆境时泰然自若的态度。

通过斯多葛学派，安德鲁学会了**将抑郁症转换成自身的优势**。他解释道："抑郁者都有很强的自我意识，但这些自我意识过盛又过于消极，导致他们经常因为现实与理想稍有出入，就轻视自己。即便他们意识到自己身处一个不完美、人力资本被过度挥霍的世界，也还是会因为自己的不够完美而感到情绪低落。导致抑郁的部分原因是与过去纠缠不休，他们会不断回想已经发生过的事情，有时候甚至想着想着就丧失了自信。大多数时候，这种想法与我们现在获得的好的结果是相悖的。这样下去会造成当下的失败，并形成恶性循环，难以停止。一次失败会导致下一次失败，而下一次失败又会导致更多次失败。"

当安德鲁意识到负面思维方式与抑郁症之间的联系时，他立即想到了爱比克泰德的控制二分法：我们能控制的事情包括我们的决定和行为；不能控制的事情则包括了我们所处的环境、他人的想法和行为。当然，这不是说当有人抑郁的时候，读一读《论说集》或者《手册》里类似的内容，就能"唰"的一下解决所有问题。但是,安德鲁依然不断地阅读和反思。确实,斯多葛派教导我们,多次有意的重复才能改变我们的行为和内心的感受。许多现代心理疗法也证实,这是治疗抑郁症等疾病的有效疗法。

安德鲁还发现了斯多葛学派另一个非常有用的部分:它强调**将逆境当成生活的训练场**。在比尔·克林顿极度推崇的《沉思录》里,马可·奥勒留相当有力地强调了以下观点:"与其说生活的艺术像舞者的舞蹈,不如说像摔跤手的搏击——我们需要严阵以待,随时面对突如其来的事件。"在生活的摔跤比赛中,斯多葛派把逆境看作场上的对手,这个对手不是(一定要)打败我们,但却能让我们保持警惕;斯多葛派渴望与这位对手对峙,把其当作自我提升的途径。正如现代斯多葛派学者比尔·欧文所说:"我在践行斯多葛派哲学时最有趣的自我提升是,我从一个惧怕侮辱的人变成了侮辱鉴赏家。一方面,我开始收集侮辱:遭到侮辱时,我会对其进行分析和分类。另一方面,我盼着被侮辱,这样我就能有机会好好地打我的'侮辱比赛'了。我知道这么说有点奇怪,但是践行斯多葛派哲学的其中一个后遗症就是你会想找机会实施斯多葛派的方法。"确实有点怪,但我可以证明那种获得解放和力量的感觉是存在的,安德鲁也能证明。

安德鲁还亲身验证了斯多葛派对于抑郁症患者特别有帮助

的两点（其中一点听起来可能有点反常）。第一点是爱比克泰德坚持让我们关注的"第一印象"——也就是我们对于面前事物的第一反应，而且我们要明白，很多时候，这些事情并不像我们想象的那样。回想一下欧文的"侮辱比赛"：别人对我们说的只不过是他们的观点，并不一定是客观事实。说话者的态度是一方面，但要不要将别人的观点当成侮辱，全看我们自己。我在年轻的时候经常被人叫"胖子"，他们说的是事实吗？我的人生中确实有一段时间胖过。那么，这种情况下，为什么会觉得自己被冒犯了呢？陈述事实也能算是侮辱吗？反过来说，如果他们说的并非事实，那又怎么样呢？这只能表明，说出这些话的人就像个小丑，而且十分幼稚。这样的话，他又怎么能伤到我呢？相反，他才是这场冲突中的失败者。爱比克泰德善意地对我提出质询："站在一块石头旁边骂这块石头，有什么效果呢？如果一个人在受到侮辱时像石头一样不为所动，那侮辱他的人能得到什么呢？……'我冒犯了你。'希望这种冒犯能给你带来好处吧。"

安德鲁认为很有用的第二点——出乎意料地——被现代斯多葛派称为"消极视觉化"。这一概念的基本思想被现代认知行为疗法和其他心理疗法所采用，它要求人们经常关注可能发生的糟糕情况，不断提醒自己事情其实并没有看起来那么糟糕，因为你拥有能解决它们的内在力量。这种想象消极的事情的练习——古罗马人称之为"坏事预演"(premeditatio malorum)——可能会让你把注意力放在诸如被人超车这种小事,也可能是你自己或者你爱的人死去这种大事上。

那么,除了抑郁症患者,还有谁会故意去想象最坏的情况呢?一方面,实践经验证明这确实有效:预先设想消极情况能让我们减少对它的恐惧,并在可能的危机降临之前做好心理准备。另一方面,若坏事最终没有来临,我们在晴天悠闲地驾车兜风,或在享受与爱人的相处时,会对我们现有的生活油然而生出一种全新的感激。

我要讲的第三位斯多葛派信徒,我并不知道叫什么名字,我只读过他或她匿名发表的文章,而且我肯定也无法理解她(为了写作的简洁,我们假设这是一位女性)正在经历的事情——她在写这篇文章的十年前被确诊为自闭症谱系障碍(ASD)。意识到自己的学术梦想就此终结时,她患上了抑郁症。虽然原因之一是,她想从事历史学相关职业的梦想很难实现(外在障碍),但更多的还是因为她内心的障碍:她无法适应现代学术界的社会环境。事实上,她长期被恐惧和自卑所困扰,并最终进了精神病院。在出院后,她重新邂逅了斯多葛派学说。她小时候曾看过乔斯坦·贾德的哲学畅销书《苏菲的世界》,在那本书里她了解到了这个学派。如今,她通过谷歌搜索"认知行为疗法"寻求实用的方法,发现了一个实践这种疗法的网站,了解到其源头可以追溯到佛教和斯多葛派学说。

她开始阅读，并最终发现与她有最大共鸣的斯多葛派学者是罗马剧作家、演说家塞涅卡。（我发现，现代斯多葛派有个有意思的点：根据各自的性格，我们基本上都能找到一个自己最喜欢的古代斯多葛派学者，并被他对哲学独特的解读方式所吸引。我的最爱显然是爱比克泰德。）塞涅卡曾在他的文章中谈到自我认知，他认为有时我们自己才是阻挠我们进步的最大障碍：我们知道自己该去哪儿、想去哪儿，但往往下不了决心迈出第一步。这个观点显然与我们这位匿名的作者产生了共鸣："据称，一些自闭症谱系障碍者的问题是知道什么对自己有益，但大半辈子都不知道自己想做什么。"

斯多葛派哲学让这位作者感同身受的第二个方面，是塞涅卡对于人类现存的社会维度的坚持。他在一篇著名的文章中说过："我们与他人的关系就像石拱，如果不相互支持，就会坍塌。"对于这位作者来说，如何有效地与他人交往仍是她面临的最大挑战，不过在更多了解斯多葛派学说后，她开始逐渐对自己的目标有了更明确的认识。每次她向塞涅卡寻求帮助时，他都会说同样的话："我不知道我能不能进步，但我宁愿不成功，也不愿意失去信念。"

我们探讨的以上三个案例有几个基本的共同之处：对于拉里、安德鲁和这位匿名作者来说，斯多葛派改变了他们的观念，使他们对生活有了一个全新的认识。更重要的是，这也正是哲学的使命：所有重要的斯多葛派作家都强调，我们要反思自己当下的处境，设身处地地用不同的、更理性与更有同情心的眼光去看这个世界。理性和同情心不应当是矛盾的，至少在斯多葛派眼中不是。这种转变能帮助人们更好地适应他们所处的环境，尽管斯多葛派经常被指责在煽动消极接受的风气——事实上，我认识的斯多葛派大多数是行动派，他们竭尽所能改变世界。无论如何，应对问题应该是一项使全人类受益的基本技能，它的受益者并不局限于坐在轮椅上的人、对抗抑郁症的人，或者患有自闭症的人。应对问题的方式对我们所有人都很适用，毕竟我们经常会在生活中遇到困难，也不得不去寻找解决方法。

最终，结合看待并理解事物的不同角度与有效应对事物所取得的收获，可以为我们开辟出一条意想不到的新道路——就像那位精神科医师对拉里（他后来觉得自己有点愚蠢）提出的几个明显很实用的解决方案。斯多葛派学说并不是一枚银色子弹[1]，但它在本章提到的这几种极具挑战性的情况下还能派得上用场，确实值得我们关注，可能还值得我们一试。

---

[1] 在西方的宗教信仰和传说中，银色子弹是唯一能与狼人、女巫以及其他怪物对抗的武器；也可用以比喻强而有力、一劳永逸的万能解决方案。

第三部

认同原则：如何随机应变

第十一章　死亡与自杀

> 我非死不可,不是吗?如果现在就让我去死,那我就去死;如果过会儿再让我去死,那我就先去吃顿饭,因为现在到晚饭时间了。吃完饭,是时候了,我自然会去死。
>
> ——爱比克泰德,《论说集》1:1

古代斯多葛派非常关注死亡。实际上,"关注"这一词在这里的用法并不恰当。他们意识到了死亡,也意识到了人类对死亡的重视。不过他们对死亡的观点却十分不同寻常,且又鼓舞人心。

我不得不承认,我与爱比克泰德就这个话题进行了一次深刻的长谈:对于死亡的思考曾深深地困扰着我。确实,曾经有一段时间,我几乎天天都会想到死亡,有时还会一天想好几次。我这么说,不是为了让你觉得我是个悲观的、闷闷不乐的人。

相反，我一直保持着乐观的生活态度，接受并享受命运女神赐予我的一切（她确实给了我很多东西，我对此心存感激）。此外，作为一名生物学家，我知晓死亡是一种自然现象，是我们祖先经过亿万年演化的结果。（例如，如果我们是细菌，就不会因为年迈而死，而会死于变故；但同时，我们也就不会发展出人生哲学了。）不过，想到有一天意识会离我而去，我还是会伤心。但当我第一次读到本章开头爱比克泰德的这段宣言后，一切就有了变化。我看着这段话大笑出声，想着这是一种多么不可思议的态度啊——竟然能如此轻松地看待这件让多数人都胆战心惊的事情。

爱比克泰德解释了我烦心的原因："为什么一阿斯[①]的小麦会成长呢？难道不是因为它会在阳光下成熟吗？麦粒生长时不会与麦秆分离，那么它的成熟难道不是为了被收割吗？若小麦有情感，难道它不会祈祷永远不被收割吗？但这对小麦来说也是一种诅咒——这就意味着它祈祷自己永远也别成熟。同样，如果祈求让一个人永远不死去，同时也是在诅咒他。生而为人，命运就是最终要被'收割'，我们对此感到愤怒，因为我们既不了解自己，也不像驯马师研究马一样研究与我们人类有关的事情。"

---

① 古罗马计量单位，有说法认为 1 阿斯约合 272.81 克。

上面这段话很有意思。爱比克泰德提出了三个相互关联的观点。首先，我们与其他生物并无区别：就像注定要在太阳下成熟的小麦一样，我们也注定要被"收割"。比起大多数现代人，斯多葛派更倾向于从字面上解读"命运"，因为他们相信上苍的安排。不过，即使完全从现代科学的观点来看，我们也仅仅是宇宙数十亿万颗星球中、数百万计物种中的一员罢了。

爱比克泰德提出的第二个观点十分关键：我们之所以对死亡的必然性如此懊恼，是因为我们具有深入思考这个问题的能力。当然，知道某件事并不意味着可以改变事情的本质，或许只能改变我们对它的看法。因此，这种想法也能直接将我们引回斯多葛派控制二分法的基本思想：死亡本身不受我们控制（不管怎样它都会发生），但我们可以控制如何看待死亡这件事，并从这方面努力。

第二点又引出了第三点：将研究人类事务和研究马同等看待。爱比克泰德提醒我们，如果我们惧怕死亡，那是出于我们的无知，因为如果我们真正了解人类本身——就像驯马师了解马那样——那么我们对待死亡的态度就不会像现在这样。

尽管讲了这么多，爱比克泰德意识到他并没能完全说服我。于是他改变了策略，就像一位好老师碰到一个抓不住重点的好学生那样劝导我："你有没有意识到，人类罪恶、吝啬或怯懦的根源并非死亡，而是对死亡的恐惧？面对这种恐惧，我们需要训练自己；动用我们的理性、所受的教育和训练来对抗它；只有做到这些，人类才能获得自由。"其他斯多葛派学者，例如塞涅卡，以及后来受斯多葛派影响的蒙田等人都接受了这个观点：如果说哲学对我们有好处，那么它能做的就是使我们更了解自己。为了达到这一点，哲学不仅向我们展示了如何让我们过上美好生活，还教会了我们如何去接受而非惧怕死亡。即使是斯多葛派的劲敌——伊壁鸠鲁学派，也完全同意这个观点，就像其创始人伊壁鸠鲁在《致美诺西斯》中所写："因此，死亡作为所有罪孽之极，对我们来说不足为奇。当我们意识到这一点的时候，死亡并不会降临，而当死亡降临时，我们已然离去。"

那如果我生病了呢？我问爱比克泰德。或许真正的问题并不是死亡，而是死亡的过程。

"你要好好忍受病痛。"当然了，不过谁来照顾我呢？"神，还有你的朋友。"但我就要躺在硬邦邦的床上了。"那你要表现得像个男人。"我没有合适的房子住。"就算你有，你还是会生病的。"

他的确是一位严师，不是吗？不过到此为止，一切都符合斯多葛派的思想框架，对吧？我们会生病，这是事实；疾病会夺走大多数人的性命，这也是事实。如果我们身边还有亲友，那我们应该庆幸：这意味着我们活得足够体面，能与其他人维持着某种关系。虽然身边的人无法治愈我们的疾病，但他们可以伴我们一程，在我们离去之前安抚我们。当然，如果我们能在一间像样的房子里，躺在柔软的床上结束我们的人生之旅就更好了。不过说实在的，跟将要发生的那件会吸引我们全部注意力的事情相比，这些细节简直不值一提。

"最终不可避免地，我们还是会死去。"我说。"你说的'死亡'指的是什么？"爱比克泰德纠正我，"不要用华丽的词藻加以粉饰，而是实实在在地说出它的含义。那是你的物质部分即将回归其本源之时，有什么可怕的呢？这对于宇宙来说有什么损失吗？这件事很奇怪吗？"爱比克泰德又一次理智而平静地劝说我。这也又一次让我以更广的视角看待事物，而不是只关注自己。天文学家卡尔·萨根从小就是我的科学偶像，他让我们去反思一个事实：我们都是星尘——太阳系某处的超新星爆炸而形成的物质，经过数十亿年的演化，变成了组成我们身体的分子。这一想法多么神奇啊！与之相反，爱比克泰德认为：我们终将化为尘埃，将一切归还宇宙，而新的生命也会在循环交替中诞生。这种运行规律是否有意义并不重要，因为不管有或没有，我们源于尘埃，也将归于尘埃。即使我们的存在相对于宇宙来说转瞬即逝，我们也该感激自己曾经活着，有吃有喝、相亲相爱的这段时光。对这段时光终将消逝感到难过，不仅毫无道理，也毫无用处。

不过，有些人根本不信这些。相反，很多技术乐观主义者认为死亡是一种可以被治愈的疾病，他们也因此投入了大量资金支持相关研究。广义来讲，他们称自己为"超人类主义者"，而他们之中的不少人则是来自硅谷的男性富翁。其中最有名、最有影响力的当数雷·库兹韦尔，他是一位未来主义者（认为自己可以研究并预测未来的人），目前在谷歌工作，研究开发一款能理解自然语言的软件。

库兹韦尔取得了不少成就，包括开发了第一套全能光学字符识别系统。在我写本书之时，他已经68岁了，但在多年前他就宣称——将自己的意识上传到计算机里就可以获得永生，而且这一方法随时可能成功。的确，我们最好在所谓的"奇点"①来临之前掌握这一技术。

在这里，我并不想解释为什么"奇点"的这套理论看起来从根本上误解了智能的本质，也不想说明将意识"上传"到计算机这件事的荒谬性，因为意识既不是一样东西，也不是一个软件。我更感兴趣的是像库兹韦尔这种人和他身后邪教一样的追随者们的放肆——他们认为自己无比重要，甚至神化自己，

---

① 数学家斯坦尼斯拉夫·乌拉姆（Stanisław Ulam）提出的一个概念，来描述计算机能够超越甚至抛下人类，并独立推动技术进步的时刻。

认为以己之力可以超越自然法则。殊不知,他们挥霍掉的巨额财富本可以用来解决世界上很多更实际、更紧迫的问题,他们也没有想过一旦(万一)成功,将对环境和伦理造成多大的影响。究竟谁能接触到这种新技术?为此又要付出多大的代价呢?如果我们能做到肉身不死(超人类主义者的另一个希望),那我们还会继续生育后代吗?如果答案是肯定的,那么如今已经不堪重负的地球要怎么满足不断增长的人口对自然资源的需求呢?又要怎么处理人们源源不断地产生的废物呢?啊,那我们就扩张到地球外面去!我们应该殖民其他星球。尽管我们现在不知道银河系中是否存在其他适合人类居住的星球,也不知道一旦发现了这样的星球要怎么移民过去……但随着我对超人类主义者的逐步了解,也愈发觉得古希腊人为这类思想所发明的词 hubris[①] 简直惊人地适合他们。

在我看来,不论付出什么代价,在参与过程中获得了多少特权,像库兹韦尔这样的人只是不愿意离开派对罢了。这也是为什么我会想象出他与爱比克泰德的对话:"不,我还想继续狂欢。""那些神秘教派[②]的人也想继续举行仪式,奥林匹亚的人也想继续看新的运动员,但庆典已经落幕。以感恩、谦逊的态度离开吧,为他人让出位置。其他人也会应运而生,像你一样,

---

[①] 原意为"过盛的自负和对神的违抗,最终会导致毁灭"。
[②] 泛指古希腊罗马世界的一些宗教教派,这些教派不公开举行仪式。

一出生就需要生活的空间和必需品。但如果先来者迟迟不肯离开，那么还有什么能留给他们呢？为什么什么都无法满足你？为什么你要挤占世界的空间呢？"这就引出了我们的第二个话题。这个话题相对来说更微妙，也与我们现代人息息相关，它就是：自杀。

2016年7月23—24日是周末，表演艺术家贝齐·戴维斯举办了一场聚会，她邀请了30多位亲友。聚会气氛十分欢乐，人们拉着大提琴，吹着口琴，喝着鸡尾酒，吃着比萨，欣赏着贝齐最喜欢的一部电影《现实之舞》(*The Dance of Reality*)。周日傍晚时分，客人们陆续离开了，贝齐则在门廊上看了日落。不久后，贝齐在看护人、医生、按摩治疗师和她妹妹的陪同下，喝下了一杯医生开的混合了吗啡、戊巴比妥和水合氯醛的鸡尾酒，平静地离开了人世。

要知道，贝齐患有肌萎缩性侧索硬化症，又称渐冻症、葛雷克氏症。她几乎完全失去了对自己肌肉的控制；41岁时，她不仅无法表演，甚至没办法自己刷牙或者挠痒，更别说站立了。她讲话口齿不清，需要通过他人翻译转述。多亏加州近期颁布的准许协助自杀法案，贝齐才能体面地离开人世。当我将她美好而又令人心碎的故事讲给爱比克泰德时，他平静地回答道："如果一件事对你无益，那么门就是开着的；若对你有益，那就忍着吧。因为不论遇到什么事，门一定要开着，这样就避免了麻烦。""敞开的门"是爱比克泰德与学生探讨自杀这一话题时的标准措辞。看到我的困惑，他继续解释道："假设有人让房间充满烟雾。如果烟不是很浓，我就留下来；如果烟太浓了，我就出去；因为你要记住，门是开着的。我接到命令，'不要住在尼科波利斯'，那我就不住。'也不要住在雅典'，那我就放弃雅典。'也不要住在罗马'，那我就放弃罗马。'住在伊亚罗斯岛'，于是我就去了伊亚罗斯岛。但这个岛对于我来说就像一个充满烟雾的房间，所以我离开了，去了一个没有人能阻止我的、对所有人都开放的地方。"

在我们仔细解读这段话之前，请允许我插播一条关于伊亚罗斯岛的历史趣闻。显然，爱比克泰德认为，他会在这个地方度过一段相当艰难的时光，甚至考虑走出那扇"敞开的门"。伊亚罗斯岛是希腊基克拉泽斯群岛中的一座小岛，古罗马人会将被流放者赶到这座岛上。其中一位被流放者，不是别人，正是爱比克泰德的老师鲁弗斯——他因为参与"皮索尼安阴谋"（这一指控似乎并不真实）而被尼禄皇帝流放到了这里。（这也是鲁弗斯第二次被流放。）将被流放者赶到荒岛上的做法，在1967至1974年被掌控希腊的独裁军政府恢复，这一次，左翼知识分子充当了斯多葛派信徒的角色——约有2.2万人被赶到了岛上。不管伊亚罗斯岛条件多么艰苦，鲁弗斯甚至比爱比克泰德还坚强——他没有走出那扇"敞开的门"，而是在岛上等待，直到被召回罗马。

回到爱比克泰德，他刚刚引用的那段话里有很多值得注意的地方。首先，他清楚地指出，是否要走出那扇"门"完全基于在不同情况下的个人选择。如果情况对于你来说实在难以忍受，那么你可以选择离开。第二点，也是很重要的一点——门必须保持敞开，这样我们就没有麻烦了。我们之所以能忍受生活中的痛苦，是因为我们总留有一条后路。正如斯多葛派所说，死亡本身带给生命以迫切的意义，而自愿离世的可能性也给了我们勇气，让我们在难以忍受的情况下做出自己的选择。最后，要注意离开的"命令"来自于谁。研究爱比克泰德的学者认为，他在这里微妙地指出这是"神的命令"，而这种表达方式无论是在宗教教义中还是在大众读物中都颇为受用。

回想起来，相较于其他斯多葛派信徒，爱比克泰德确实更相信天意，也就是"宇宙的总计划"。不过，这个计划并非由某位会回应祈祷或者关心个人命运的神来制定。爱比克泰德换了一种比喻解释："（例如）我们说到脚，会认为保持脚的干净是件自然而然的事情。但如果我们把脚当作身体的一部分，而不去割裂来看它，那么它行于污泥、踏遍荆棘，甚至可以为了保护身体而被切除就都是合理的了，不然它怎么能被称为脚呢？我们对于自身的看法也应如此。"这就解释了为什么有人会认为自己受到了某种"感召"，让自己脱离（宇宙的）本体。但我们怎么能知道自己是否受到感召呢？又怎么能解读宇宙的意志呢？答案是运用理性。这样一来，到底是否受到了宇宙的召唤，就完全由我们自己说了算了。换言之，是走出那扇敞开的门，还是留下来再抗争一天，我们会自己判断并做出决定。

作为实践派哲学家，斯多葛派学者通过反思过去来调整他们做出判断的能力，就像贝齐·戴维斯的故事让我反思疾病和死亡一样。关于斯多葛派信徒自杀的最早记载，可以追溯到该学派的创立者——塞浦路斯的芝诺。第欧根尼·拉尔修的《名者言行录》中，对芝诺的死有不同版本的描述（显然，真相只有一个）。有说法认为，晚年的芝诺身体虚弱，苦不堪言，自知无法再为社会做出更多贡献，便绝食自尽。这种说法亦真亦假，但它证明了一点：对于斯多葛派来说，在特定的情况下"走出那扇门"是能被接受的，毕竟他们的创始人就这么做过。

斯多葛派传说中还有几个例子，不过我只列举两个，来拓宽一下我们探讨话题的视角。一个是我们已经讲过的加图的例子：他为了不落入恺撒之手，不惜把自己的肠子扯出来；另一个例子是塞涅卡，他在斯多葛派的圈子里饱受争议。鉴于塞涅卡与尼禄政权的牵扯，他将自己的哲学践行到了什么程度仍不明了。塞涅卡被刻画成多种形象，从伪善的阴谋家到世俗的圣人——而他的真实面目很可能介于二者之间：他是一个有缺点的凡人（就像他在撰写的文章中反复强调的那样），在几乎不可能的情况下竭尽全力。塞涅卡成功地引导了尼禄，有效减少了他统治前五年造成的损害，虽然这位精神逐渐失常的皇帝最终还是脱离了控制。于是，正如前文所说，塞涅卡被怀疑参与了皮索尼安阴谋，导致鲁弗斯被流放，他本人也因此背上了可能是莫须有的罪名。尼禄下令让塞涅卡自杀，塞涅卡也领命了，享年69岁。他本可以反抗（虽然可能是徒劳），尝试逃跑，或者像其他人那样乞求皇帝饶他一命。但是他还是选择了一条有尊严的路，保持了他的正直，也为了保留他的一部分家产，留给自己幸存的家人。

我列举了芝诺、加图和塞涅卡的例子，以史为鉴，因为他们的故事说明了"走出那扇敞开的门"的截然不同的原因。芝诺是因为难以忍受与日俱增的痛苦，以及认识到自己对社会的无用——与贝齐·戴维斯的例子类似。加图为了捍卫自己的政治原则。塞涅卡为了维护个人尊严，也为了保护他的家人。（詹姆斯·斯托克代尔也可以加入这个行列。）即使今日，上述这些自杀原因仍然在军事、道德、医学领域存在争议，因此斯多葛派对于促进我们发展世界观有很大贡献。我们当然把舍己为大局的人称作英雄，也有越来越多的国家允许，或者像加利福利亚州政府那样将协助自杀列入考量，用以帮助像23个世纪前的芝诺那样感觉自己的生命走到了尽头的人。当然，这些观点至今仍存在争议，因为政治自杀可能像加图（或者斯托克代尔，假设他成功了）那样光荣，也可能像当今的人肉炸弹那样恐怖。以我们自己的方式结束生命在一些人看来是我们所拥有的权利，在另一些人看来却是对我们神圣生命的亵渎。

再者，这样也存在危险，有人可能会毫无理由地自杀。斯多葛派基本理论绝不能作为精神疾病患者结束自己生命的依据，他们需要的是恢复健康。此外，斯多葛派信徒也不认同因为琐事而自杀。例如，1774年歌德出版《少年维特的烦恼》后，许多年轻男性幻想自己是维特，盲目模仿他自杀，这使得该书在多地被禁。1974年，社会学家大卫·菲利普斯创造了"维特效应"一词，用来指代具有所谓"传染性"的普遍自杀现象，这一现象通常由名人、小说中的情节及其他原因所引发。

我们的智者爱比克泰德意识到了这种危险，并明确告诉我斯多葛派作风绝不包括轻视自己的生命：

> 让我来描述一下那些被灌输了错误理论的人的精神状态吧。例如，我的一个朋友无缘无故地要绝食自尽。我在他绝食第三天才得知此事，并问他发生了什么。他说："我下定了决心。"好的，但是，你得说说是什么原因让你做出这个决定；因为如果你的决定是正确的，那么我们会支持你，帮你离开人世，但若你的决定有违常理，那么你需要

再想想了。"人必须要遵从自己的决定。""老兄,你在做什么呢?不是遵从所有的决定,而是要遵从你做的正确的决定。"爱比克泰德补充道,"好好活着,不要随意就想着轻生。"

第十二章　如何应对愤怒、焦虑和孤独

> 无论我去到哪里,都有日月、星辰、梦境、预兆的陪伴,以及与神的对话。
>
> ——爱比克泰德,《论说集》3:22

哲学家常常被讽刺是一群冷漠又疏离,只沉浸在自己的世界中的人,甚至有人认为他们就是故作高深的骗子,要么到处胡言乱语,要么用晦涩的语言粉饰一些乏味的琐事。早在公元前 423 年,伟大的希腊剧作家阿里斯托芬就在他的作品《云》中嘲笑过苏格拉底,称他为一位诡辩家(这个词从古至今都无褒义)。只不过,那位时年 45 岁的圣贤对此泰然自若:据说有一次,观看这部剧的几位外国人问道:"谁是苏格拉底?"他便高兴地站起来,想让剧场里的观众都认出他来。

或许是为了应对这种智力过剩(不论事实上是否过剩),希

腊化时代（苏格拉底之后）的哲学都倾向于强调实用主义，斯多葛学派更是其中之甚。**没有什么能比学习控制愤怒、焦虑和孤独这三种现代生活的通病更重要实用的哲学了。**当然，这本书不是一本心理自助书，也没办法发射直击要害的银色子弹，但会让我们像一位真正的斯多葛派那样，平静、理性地，带着真实的预期来处理这些人生问题。

我是在与我们的朋友的一次对话中学习到这种态度的，当时他说：

> 昨天我把一盏铁质台灯放在家里供奉的神像旁边，突然我听到了一声响动，立即冲到了窗边。我发现台灯被人搬走了。我认为，拿走台灯的人向一些看似合理的原因屈服了。明天我换一盏陶制台灯吧。因为窃贼的警觉性比我强，所以我失去了我的台灯。不过他也为此付出了代价：他为一盏灯成为贼人，为一盏灯打破了他的信念，为一盏灯沦为了禽兽。

一如往常，爱比克泰德的话意味深长，我得仔细思考才能体会其中的含义。首先，我要知道他并没有因为失窃而感到心烦意乱或愤怒，而是就事论事；此外，他很快得出了几个实用的结论：他失去的东西很容易被替代（明天就能换盏灯），如果不希望再被偷，那么比起试着防贼，他可以换个更便宜的陶制台灯，毕竟窃贼的警觉性还是更胜一筹。这件事也引出了更深层次的含义：爱比克泰德意识到，窃贼肯定是屈服于一些看似合理的感觉：他一定认为自己做的事情很值得。不过我们的圣贤可不这么认为，窃贼虽然得到了一盏铁质台灯，却因此失去了更加宝贵的东西——正直。

不幸的是，我在写这本书的时候还真去亲身体验了一把爱比克泰德的教导。当时，我正和朋友一起乘坐罗马地铁 A 号线去和兄嫂晚上小聚，进入车厢后，我感觉到旁边有个人在以异常大的力气挤我，虽然车厢比较拥挤，但我们周围都有富余的空间。我在几秒钟后猛然意识到有异常的时候，已经太晚了：当我被这个挤我的人分散注意力的时候，他的同伙从我的左前裤兜里掏走了我的钱包，在车门关闭的前一秒飞速逃下了车。不得不说，窃贼的警觉性确实略胜我一筹，他的手速也让我惊叹不已。如斯多葛派所说，我的第一反应是被愚弄后产生的惊讶和沮丧。不过我也很快想起了爱比克泰德的话，坚定地否定了这一感受。好吧，我把钱包给丢了，里面有一些现金，我还需要冻结几张信用卡。哦，还有我的驾照，这下也需要挂失了。现在电子科技这么发达，我只需要在智能手机上戳几下（我的手机居然还在我的前裤兜里！），再等上几天，就能解决这些问题了，但小偷却在这场比拼中失去了他们的正直。这要换作是践行斯多葛派哲学前的我，估计准会因为这些事情感到愤怒，并且整晚都闷闷不乐，这对谁都没有任何好处（这种反应既不会影响到小偷，更不会帮我找回钱包）。这次，我仅仅花了几分钟就消化了这件事，平复了心情。我们当晚看了几部电影，十分愉快。

无论是爱比克泰德的灯还是我的地铁事件，都不应该被解读为一种宿命论或消极主义观点。相反，这两件事都建议我们后退一步，更理性地分析情况，并时刻牢记用控制二分法辨别我们所能掌控和无法掌控之事。我们无法让盗窃行为从这个世界上消失，但如果我们觉得值得的话，可以跟小偷展开一场警觉之战。我们无法改变窃贼的判断——他们认为用正直来换台灯或者钱包是笔好买卖，不过我们能做出相反的判断。

你可能发现了，重述在斯多葛学派中很重要，基督教中也有类似的说法（仇恨罪恶，而非罪人）。根据现代心理学的研究，重铸环境是愤怒和情绪管理的关键因素之一。尽管如此，我还是想知道，爱比克泰德对待盗窃和犯罪的态度是不是太随便了一点，我也向他指出了这一点。我早该知道他会这么回答我：

你说："什么？强盗和通奸不应该是死罪吗？"不，你应该这么说："这个人在大事上犯错，颠倒黑白，善恶不分，难道我不应该除掉他吗？"如果你这么说，你该意识到自己有多么不人道，就像在说："我不该把瞎子或者聋子都杀了吗？"

虽然我从来没说过这种话，但爱比克泰德的观点相当明确：如果我们了解古希腊人所说的 amathia 这个概念，就会知道人们作恶的原因；这样一来，比起谴责作恶的人，对他们施以同情心和援手更能帮助他们。虽然没有多少人实际上这么做（在美国尤其如此），但这一理念在欧洲一些国家采用的罪犯改造方案中得到了有效体现。

看一看美国心理学会（APA）为愤怒和沮丧的人提出的建议可能会给我们一些启发，这与斯多葛派早期的直觉感知理论类似。当然，心理学会的建议有大量的经验证据支撑。首先，心理学会建议进行一套放松训练，其中包括深呼吸（用隔膜进行腹式呼吸），喊一句简单又有意义的口号。你还可以通过想象，创造一个平静、舒适的环境，同时做一些简单的运动（如瑜伽拉伸）。尽管斯多葛派并没有运用箴言的概念，但他们时常建议信徒将简单明了的箴言放在手边，以便在遇到困难的时候提醒自己。事实上，整本《手册》——阿利安对《论说集》的总结都可以被看作是一套纲要，供我们在冲动的时候使用。而塞涅卡也明确建议：一旦感到一种不受控制的怒火（一种暂时的疯狂状态），最好试试深呼吸，出去走走。他在写给朋友鲁基里乌斯的信中也说过，在年老之后也要经常锻炼，这不仅是为了保持身体健康，还可以起到平和心绪的作用。我发现所有这些建议都非常有效：每当我感到自己的情绪临近失控时，我的第一反应是找个借口，溜到某个安静的地方（有时候洗手间都行）深呼吸，并在心里反复默念我最喜欢的箴言：一忍再忍。多么标准的爱比克泰德式警句啊！

  这个建议就像精神急救箱一样，能在紧急情况下发挥作用。不过心理学会建议，若要有效地控制愤怒情绪，还需要制定一些长期战略，其中就包括认知重建——我们已经看过很多与之相关的斯多葛派实例，包括刚刚讨论的例子。心理学会建议我们将一些常挂在嘴边的话，如"太糟心了"换成"我虽然不想管这种事，但我能解决它，生气绝不是解决问题的办法"。还有一点则是将"要求"变为"渴求"，认识到这个世界不会因为迁就我们而改变。这与比尔·欧文提出的现代斯多葛派思想非常相近，他认为要学会"内化"目标：我渴望（不是想要，也不是需要）得到提拔，所以我要拼尽全力去争取。我是否能升职并不在我的掌控之中，而取决于一系列我意愿之外的因素。正如一篇美国心理学会关于愤怒管理的文章（爱比克泰德可能很早就写过了）所述："逻辑能战胜愤怒，因为即使是有正当理由的愤怒，也会让人失去理智。所以，用冷酷、严谨的逻辑要求你自己吧。"

文章还建议我们亲自上阵，去解决问题（而不是一味抱怨）。但也提醒我们，要避免一个常见谬误：与常见的社会文化观念相反，我们需要意识到不是每个问题都有解决方案。因此，**我们要放宽心态，告诫自己即使不能解决问题也没关系，只要我们在当时的情况下竭尽全力了就可以**。文章继续写道，不要一心只想着找到解决方案，而是要掌控全局，包括思考全力付出也得不到回报的情况。古代的贤明之士们在这个问题上继续提出了很多观点。

另一个处理愤怒的重要方法被美国心理学会归纳为"更好的沟通"，尤其是与那些让你感到愤怒的人沟通。有趣的是，这个建议的很大一部分还是基于斯多葛派准则：**我们应当尽可能冷静、准确地描述惹怒我们的情境**，这也被爱比克泰德称为认同或不认同我们的印象，就像我丢钱包的时候做的那样。相较于马上对他人的话做出反应——一般来说这绝不是什么上策，而只会火上浇油——我们可以稍等片刻，重新梳理一下他人的话，分析一下他说这句话可能的理由，然后再去回应。例如，你可能将同伴的要求理解为对你个人空间的无理侵犯。不过有没有可能，对方只是想要更多的关注和关心？可能他换一种表达方式，就不会让你有那种走进监狱的感觉了。

美国心理学会还建议**把幽默当作愤怒的解药**，而我们已经在像爱比克泰德这样的古代斯多葛派（如果现在就让我去死，那我就去死；如果过会儿再让我去死，那我就先去吃顿饭，因为现在到晚饭时间了）和像欧文这样的现代斯多葛派（哦，你觉得我这篇文章在误人子弟？那可能是因为你没读过我其他的文章！）身上都看到过实际应用。不过，美国心理学会还建议我们谨慎使用幽默：我们既不要对自己（更糟糕的情况下，对他人）的问题一笑了之，也不要混淆幽默与讽刺之间模糊的界限。讽刺作为一种挑衅和轻视对方的回应，在与他人的冲突和愤怒的情况下去做，无异于火上浇油。那我们要怎么区分幽默和讽刺呢？这需要练习，也需要践行智慧这一基本美德。这指的是学习如何在黑白不明的情况下找到出路——现实生活中大部分情况都是如此。

心理学家还给出了其他建议，包括改变你的环境——例如从问题情境中脱身而出；如果当下不是解决问题的最佳时机，那么就择日再谈，不过一定要表明你没有逃避问题的倾向。如果可以，避免让自己直面烦恼的根源，换个方式做你该做的事情，这样可以让你减少冲突的机会，同时达成自己的目标。以上方法并没有全部在古代斯多葛派文本中得到体现，但它们基本符合斯多葛派思想：为了过上美好生活，我们需要了解这个世界是如何运作的（而不是我们期望它如何运作），我们也因此必须学会如何正确运用理性，接受这个世界本来的样子。然后，欣赏并应用现代心理学对提升生活质量的研究成果。没有比这更具斯多葛派特色的了。

关于焦虑，爱比克泰德也有不少可说的。我曾经是个非常容易焦虑的人，而改变我的正是我的经验（事实证明，很多事情并没有我们想象的那么糟），以及随着岁月流逝及荷尔蒙水平改变所日渐成熟的情感。不过在爱比克泰德的帮助下，我更进了一步。他指出，愤怒和焦虑通常都不太理性，而且会严重阻碍我们的生活计划与生活质量。

为什么我们会焦虑呢？"当我看到一个人深陷焦虑的情绪时，我说：'这个人想要什么呢？如果他不是因为追求一些他得不到的东西，怎么会焦虑呢？也是因为这样，如果一个人自弹自唱，他肯定不会感到焦虑。但当他走进剧院表演时，即使他有一副好嗓子、琴技精湛，也还是会焦虑。他不仅想要好好表演，更想收获好名声，但后者并不在他的掌控之中。'"这也是爱比克泰德控制二分法的另一个版本，但当他用这种通俗易懂的方式表达出来时，不禁让我豁然开朗："哎呀，我怎么就没想到呢！"

比如说，让我站在一间满是学生的教室讲台前时，我没有理由感到焦虑，因为我有备而来，有足够的信心讲解手中的教材。我可是专业的，我知道自己在做什么，我在这个课题上也有很多经验，而且绝对比我的学生多。那么这种情况下，焦虑的点就只在于我怕学生感到失望，可能是因为我讲得不够清楚，或是表述得不够有趣，抑或选材不够有用等。但是，唯一能避免失败的方法就是我已经做过的：竭尽全力做好准备。除此之外，我没有什么更好的方法了，因此也没有额外担心的理由了，这样自然会减少对于结果的焦虑。我重申一下，这并不意味着我要轻视或推卸我应该对学生承担的责任，而是我对自己所处情境的重新评估，从而有效区分我该担心和不该担心的事情。此外，就算我真的在全班学生面前"丢人"了，那又能怎样呢？那些年轻人会嘲笑我犯的错误？就像巨蟒剧团（Monty Python）唱的那样："事情没有你想象的那么糟。"[1]

我再澄清一下，我十分了解有些精神失调会让人陷入某种焦虑，而仅凭心理学会所说的"冷酷又严谨的逻辑"是无法消除这种焦虑的。但这些是障碍，是病理上的，现代心理学和精神病学也早已开始以谈话配合药物的方式进行治疗。正如我的同事罗·马里诺夫在他的畅销书《哲学是一剂良药》的序言中所写："这些疗法能让你的头脑冷静下来，重新运转，这很重要，但还不够重要。它们本身不能代替你思考，而是帮助你重新思考通往幸福之路的平台。"

这也是为什么我们会奇怪地去关注一些不该关注的东西，

---

[1] 来自英国的超现实幽默表演团体。作者提及的部分来源于曲目 *Always Look on the Bright Side of Life*。

并被它们困扰。爱比克泰德对此解释道:"我们为自己的肉体、财富,以及恺撒的想法感到忧虑,却极少思考自己内心的想法是否正确。我会不会担心我的想法错了?不会,因为对错与否取决于我。那我会担心产生与自然相悖的冲动吗?也不会。"当然,他的角度比起心理学,更偏哲学;爱比克泰德观望的是我们的漫漫人生,而非眼前一两个需要解决的问题。不过他的观点也至关重要。有宗教信仰的人会换个方式阐述,关心你的灵魂,而不是身体和财产。两者表达不同,意思是一样的:我们总是主次不分,不花时间担心该担心的事情,反而去担心一些我们既无法控制又无关紧要的琐事。不管恺撒(或者你的老板)怎么想,你都要完善你的人格,保持你的正直。如果恺撒(或者你的老板)是个好人,他会很欣赏你的。如果他不是个好人,那他的损失不亚于偷了爱比克泰德台灯和我的钱包的小偷。

虽然我住在大城市里,但每天大部分时间都在独自看书、写作,有时在家,有时在我的两个办公室里(通常没有学生或者同事打扰)。这是我自己的选择,也符合我的个性,但我还是忍不住向爱比克泰德提起了关于孤独的问题,毕竟这应该是影响现代社会的主要问题了——不局限于西方社会,也不局限于大城市。近年来,我们经常能读到这样的新闻标题:《孤独瘟疫:我们比任何时候联系得更加密切,但为什么反而更孤独了?》《现代生活是否让我们感到孤独?》《美国社会中的孤独》等。

科林·基林在《高级护理杂志》上发表了一篇文章,以现代科学的视角对孤独进行了有趣的讨论。首先,基林把孤独与其他一些容易混淆的概念区分开,例如"疏离"(可能是孤独的结果,也可能导致抑郁)和"独处"(它其实有一层积极的含义,更像是"自发行为")。有趣的是,文章提出了一套被科林称作"孤独-亲密连续体"的分类方案,站在社会的角度,囊括了从消极到积极的各种社交状态:**疏离⟷孤独⟷社会孤立⟷单独⟷独处⟶社交**。基林在这个连续体的基础上叠映了他所谓的"选择连续体"——从一极的毫无选择权(疏离、孤独),到另一极的掌握全部选择权(独处、亲密)。当然,这种选择连续体与导致孤独的外部因素,而不是内部因素相关,这也与斯多葛派思想十分契合。

是什么导致了孤独?基林的文章提供了一幅实用的摘要图,他提出了一系列与我们的处境、个性相关的,造成孤独的原因:丧失亲友、心理脆弱、社交圈的缩小、抑郁、生活中的剧变等。这些原因又与一些其他因素相关,包括年龄、性别、健康等。基林认为,孤独说到底是一个"无解"的问题,因为孤独是由多种因素导致的,且与个人因素(心理、情境)和结构因素(社会)脱不开干系。还有呢?作者以一种极其冷静又真诚的态度评论道:"(孤独)是人类心灵密不可分的组成部分,我们不能像解开谜题一样解开它；我们能做的只有缓解它，减轻它带来的痛苦。我们只能通过提升对这种痛苦的意识来达到目的，也就是说，**我们需要意识到每个人在人生的不同阶段，都不得不以某种方式来忍受这种痛苦——而这没什么丢人的。**"

这番话在一定程度上引起了我的共鸣，也让我想起了爱比克泰德的建议："孤独的状态意味着我们孤立无援。如果一个人只是在独处，那么他就不是孤独的；相反，他也不会因为处在人群中而不孤独。孤独的概念意味着，一个人因暴露在想要伤害他的人面前而孤立无援。不过，人要时刻准备着承受孤独，他需要满足自己的需求，能和自己交流。"就如基林所说：**我们不必为孤独而感到羞耻**，因为（从某种程度上来说）孤独是人类的一种自然状态。斯多葛派也反对对于"尴尬"的谬论，在看待社会期望这方面更是如此：因为我们无法影响他人的判断，只能控制自己的行为。此外，注意，基林使用了"忍受"这个词，这正是爱比克泰德所强调的。

对于斯多葛派来说，孤独与独处的区别再清楚不过了：独处是一种事实描述，而孤独则是我们对这种描述强加的判断，也正是这种判断让我们感到被排斥，产生一种无力感。不过有一点很重要，爱比克泰德的话中传达了一条积极的信息，虽然乍一看可能很严苛，但忍受的另一端是适应能力，而适应能够产生力量。生活中出现的一些外部情况会迫使我们独处，而我们对此毫无办法。但是（生病的情况除外，这种情况下我们需要医疗救治），我们自己的选择和态度把独处变成了孤独。我们可能是一个人，但不必为此感到无助。

第十三章　爱与友情

　　凡是知道什么是好东西的人，也知道如何去爱它们；可是，当一个人无法分辨善恶好坏时，那么他怎么有能力去爱它们呢？

　　　　　　　——爱比克泰德，《论说集》2:22

　　一天，一位悲痛欲绝的父亲来找爱比克泰德咨询，他的女儿身患重病，而他因为再也无法忍受这样的悲痛而逃出家门。"我为我可怜的女儿感到痛苦万分，她病得太重了，据说已时日无多。我实在不忍心待在她身边，只好离她而去，等到有人告诉我她的病好些了我再回去。"

　　"嗯，你觉得你这样做对吗？"

　　"这是人之常情，所有父亲，或者说大部分作为父亲的人都有同感。"

斯多葛派很看重"顺应自然"这一点，但"顺应自然"并不意味着做所有"自然而然"的事，比如，因为自身经历了太多痛苦而将亲生子女托付给他人照顾。因此，爱比克泰德告诉这位父亲，他不否认，毕竟大多数父亲在这种情况下也会感同身受，而作为父亲有这种感受也很自然。但是，问题在于这么做到底是否正确？所以他采用了苏格拉底式的经典提问方式：

"我想问你，你这么爱你的孩子，这样抛下她一个人离开是正确的吗？难道她的母亲不爱她吗？"

"不，她当然很爱她。"

"那她的母亲是否也该抛下她离开呢？"

"她不应该这么做。"

"那护士呢？她喜欢这个孩子吗？"

"喜欢。"

"那她是不是也该离开她呢？"

"她没有理由这么做。"

"再请问，这个孩子的医生不喜欢她吗？"

"不，他喜欢的。"

"那么他是不是也该丢下她离开呢？既然你们这些家人和其他与她相关的人都这么喜欢她，那她是不是就该被抛弃，最后孤苦伶仃地死在那些不爱她、不关心她的人手上呢？"

"天理难容！"

"告诉我，如果你生病了，你会希望你的亲朋好友，甚至你的妻儿都对你漠不关心，置你于孤身一人的境地，以此来显示他们对你的爱吗？"

"当然不想！"

"在你患病之时，你会祈愿亲近之人因为太爱你而丢下你不闻不问吗？还是说，你更希望得到你的敌人的关爱？"

你能看出来这段话的意思吧？但很多人误解了爱比克泰德，甚至误解了整个斯多葛派在这个问题上的看法。确实，爱比克泰德的逻辑无懈可击，但他是不是在说一位父亲对女儿的爱是出于他的义务？这种对爱的看法难道不是太过狭隘，甚至有违人道吗？

这种有点肤浅的解读是否能反映出爱比克泰德的真实意图呢？恐怕不行，而且相差甚远。爱比克泰德认为，人类的情感需要引导，甚至训练，方法是对所有能激起我们情感的因素进行评估。不可否认的是，这位父亲不应该为了避免让自己痛苦而离开他的女儿。爱比克泰德以机智的方式表达了这一点，一方面他将这位父亲与其女儿的其他看护人进行比较，以示其行为有多么糟糕；另一方面则让这位父亲换位思考，想想如果自己也面临女儿的情况，会不会想要所爱之人做他现在做的事。

但这些只阐释了斯多葛派观点的一半：自然而然之事不同于正确之事，而我们需要做出正确的判断，有时也会因此推翻"自然而然"，选择"正确"。这一观点源于斯多葛派的"视为己有"（oikeiôsis）理论，我们已经在前面希洛克勒斯的扩展（或者更准确来说，是收缩）关心圈章节中讲述过这个理论。该理论认为，我们在生命伊始只具有本能的行为，其中有很多行为十分"自私"，就像这位父亲对他女儿的病痛表现出的"自然而然"。我们进入理性阶段时，开始拥有反思的能力，并能在需要的时候将"自然"与"好"的事物区分开来。但这并不意味着我们让"冷酷"的理性替代我们的情感。如果斯多葛派真的主张这样简单的概念，他们可要算是太外行的心理学家了——而事实并不是这样。

爱比克泰德曾经告诉他的学生们："即使我们能读懂并写下这些情感，也能在阅读的时候欣赏它们，这并不代表它们能使我们信服。因此，像斯巴达人、家里的狮子、以弗所的狐狸等谚语对我们也适用。在教室里我们是狮子，到了外面的世界就是狐狸了！"他的意思是，仅仅认识到事情的真相是不够的：你需要不断实践，直到养成习惯，将理性融入本能之中。就像实践哲学，你可以将它当作学习开车、踢足球，或者吹萨克斯管。一开始,你要做的是持续、有意识地关注自己在做的事情,询问自己为什么要这么做,结果你会发现自己做得很差,还为时常犯错而感到烦恼。但渐渐地,通过不断重复这些经过思考的动作,你熟能生巧,最终习惯成自然——就像是你在看到有人突然横穿马路时能踩刹车;在看到队友突然突破防守时能传球给他;或者是能以正确的节奏和速度演奏出一段旋律。真正的哲学是一点点的理论加上大量的实践:"木匠学习了特定的技能才成为木匠,舵手学习了特定的技能才成为舵手。那么,我们是否可以推断,在行为方面,仅仅抱着想要变好的希望是不够的,我们还需要学习某种东西才行?……因为我们如今不需要论据:斯多葛派的书籍中已经有足够多的论据了。那我们需要什么呢?我们需要一个能将论据运用到行动中的人。"

尽管爱比克泰德强调(正确地)实践,古希腊人其实早已发展出了一套关于"爱"的复杂理论。该理论囊括了很多爱的不同概念,其中一些就与本章的第二个主题——友情相关。这套理论包括以下几个词——agápe、éros、philía 和 storgē。而通常,学者也会将它们区分开来。agápe 指的是你对配偶和子女的爱,后来基督教将其引申为上帝对全人类的爱。正如托马斯·阿奎那所说,agápe 意为希望他人好。如果你认为你知道 éros 是什么意思,那你可能要再想一想了。éros 的确有感官愉悦和性吸引的含义,但就如柏拉图在《会饮篇》中所述,éros

后来发展成了对人类内在美的欣赏，我们也借此表达对美本身的爱慕，无论它的具体化身是什么。philía 是我们对朋友、家人和社会的平静而又高尚的爱，因为我们像对待自己一样对待他们。最后，作为最不常用的词，storgē 意味着对子女的爱。更有趣的是，它的词意还包括对国家以及运动队的爱。这是一种与生俱来的爱，与理性和思考无关。

不得不承认，单单一个英文单词"love"无法涵盖所有这些细微的差别，因为我们确实应当将我们对父母、子女、朋友的爱，与对家园和上帝的爱区分开来。但不管怎样，斯多葛派都会提出问题，就像爱比克泰德向那位烦心的父亲提出的问题一样：这或许是自然而然的事情，但它是正确的吗？

我们经常被教导，"无论对错"，都要爱我们的国家，或者无论输赢，都要爱我们的运动队。我认为这两种爱都属于 storgē，但斯多葛派会提出"无论对错"的爱在这两个例子中有不同的含义。事实上，这句名言有两个出处，而其中之一衍生自另一个。我们也能从其中看出为什么斯多葛派言之有理，因为一些种类的爱，尤其是重要的那些，需要符合客观事实，而非我们的主观感受。这句话原出自美国海军军官斯蒂芬·德凯特，他在 1816 年某次餐后的祝酒词中提道："敬我们的祖国！愿她在外交时永远保持正确；但不论正确与否，都敬我们的祖国！"与之相对的衍生版则出自美国内政部前部长卡尔·舒尔茨，他在1872年2月29日参议院会议时曾这样发言："我的祖国无论正确与否，都是我的祖国；若她说正确的，那么就保持这份正确；若她说错误的，我们就纠正错误。"

我认为德凯特的版本更适用于运动队："罗马队加油！愿她在与其他队伍的交锋中永远胜利；不论胜败与否，我们都为罗马队加油！"这种对于运动队无伤大雅的忠诚自有它的魅力，特别是当那支队伍处于劣势时，就更令人感动了。但历史无数次地证明，对国家的盲目效忠很可能导致十分危险的后果。事实上，我并不知道舒尔茨是否读过爱比克泰德的作品，不过，这位内政部长确实说过爱比克泰德对那位心烦意乱的父亲说过的同样的话。的确，我们对后代或者祖国怀有自然而生的爱是可以理解的，我们甚至要赞许这种行为。但既然我们讨论的是人类和外交政策，而非国家或运动队，我们就需要运用理性来指导自身的行为。我可能因为无法忍受眼看着女儿痛苦而想逃出家门，但正确的做法是留下来陪伴在她身边。我可能会认为祖国是我的身份不可或缺的一部分，从而十分爱戴她，但若她要做一些伤害自己或者他国的事情，那么我有发声的义务。如果真的遇到了重大事件，感情和理智是不能被割裂开来的，尤其不可忽视后者。

因为在古希腊－罗马人看来，友情是爱的一种表现形式，所以爱比克泰德自然可以用斯多葛派的理念将友情与家庭同等看待：

> 若人们拥有信仰与荣耀，只给予与渴求好的东西，那么要去哪里寻得友情呢？"但他一直在关注我，难道他不爱我吗？"你怎么知道呢，奴隶？你怎么知道他对于你的关注就不等同于对刷洗靴子，或者照料牲口的关注呢？你怎么知道你对于他不过等同于一个瓦罐，一旦用坏了，就会被扔掉呢？……难道厄忒俄克勒斯和波吕尼刻斯不是同父同母所生吗？难道他们不是一同成长、结伴生活、共饮同眠，时常还亲吻彼此吗？若是这样看来，岂不是要嘲笑哲学家有关友情的悖论了！然而，当一小块王冠形状的肉落在他们之间时，看看他们是怎么说的吧：
>
> 厄：你将扎营于塔楼前方何处？
>
> 波：何出此问？
>
> 厄：我将动身斩你于彼处。
>
> 波：我亦欲见你血溅于我。
>
> ——欧里庇得斯，《腓尼基妇女》62:1

好吧，这位大师用了一种充满诗意的表达。此外，厄忒俄克勒斯和波吕尼刻斯不仅是朋友，还是同胞兄弟，但是他表达得很清楚：真正的友情，和真正的爱情一样，只会在危难关头显现，而在顺利之时是看不出来的。

从斯多葛派的角度来看，友情就像我们道德之外的一个可取的无关紧要之物。这就引出了一些有趣的问题，例如，它意味着罪犯之间不能有类似（斯多葛式）的友情，其中，"罪犯"指的不仅是那些因违反法律而遭到通缉的人（毕竟纳尔逊·曼德拉在南非种族隔离制政府眼中就是罪犯），还指那些从事盗窃或者暴力行为的卑劣之人。这一观点的正确之处在于，我们很难想象一个有高尚品德的罪犯，而且每次罪犯帮助自己的同伙逃离正义的制裁时，也意味着他将友情放在道德和正直之前，这与斯多葛派对二者的排序正相反。

同样的问题也适用于爱——对亲属的爱和对伴侣的爱。世界文学（包括古希腊-罗马文学）讲述了很多这样的故事：人们将爱置于一切之上，其结果是给自己、对方和无辜的第三方造成了伤害。但我们经常被鼓励去欣赏这些人，毕竟"爱能战胜一切"。只不过，"爱能战胜一切"只存在于迪士尼世界里，斯多葛派会说，这些都不是真正的友情或爱，因为他们将"友情"和"爱"置于个人品德之上。我们在前文提到过美狄亚，据说她是为了爱情，背叛父亲、杀害兄弟，帮助伊阿宋偷金羊毛，最后完全失去理智，为了报复背叛自己的丈夫而杀害自己的亲生骨肉。根据斯多葛派的说法，不论美狄亚对伊阿宋的情感如何，那都不是爱。同样，在现代新闻中，一些骇人听闻事件里描述的情感也无法被称为爱。

现在，我们可以合理地怀疑斯多葛派是在玩文字游戏，宣称很多人对于友情或者爱情的定义是错的。若是这样就忽略了一点：斯多葛派既是敏锐的人类心理观察者（一种描述性的活动），又是深刻的人类道德思想者（一种规范性的活动）。他们本可以轻而易举地将美狄亚对伊阿宋的情感描述成是"爱"，或将两个黑手党老大说成"朋友"。不过他们还会说，基于他们对于道德的理解，在这种情况下用这样的描述并不正确。为什么这么说呢？因为，如果我们用"爱"与"友情"同时描述将道德放在第一位和非第一位的情况，那么我们就未能分辨出它们在语言本质上的区别。若要轻率地说"只不过是文字游戏"，就失去了把话说清楚的机会。而我们相互交流和理解的能力依赖的就是语义，也就是精准地使用语言。

我来举一个亚里士多德的例子。（他肯定不信斯多葛派学说，塞涅卡则肯定是斯多葛派，他吸纳了对手伊壁鸠鲁学派的思想，认为无论真理出自哪里，都是每个人的财富。我将由此句话展开我们的讨论。）据说亚里士多德有点沉迷于分类学，不同于斯多葛派对美德的四个种类划分，他一下列出了十二种不同类型的美德，尽管所有类型的美德都只是不同层面的智慧而已。当谈及友情时，亚里士多德尤其重视 philía，这个词我们提过，指的是我们当今所说的朋友以及家人之间的关系，因此，爱比克泰德在讨论友情时提到厄忒俄克勒斯、波吕尼刻斯这对兄弟的名字也就不足为奇了。亚里士多德将友情划分为三种类型：功利的友情、愉悦的友情、向善的友情，而这种模式在今天也依然实用。

功利的友情就是我们今天所说的有互惠关系的熟人，例如，你与你最喜欢的发型师之间的关系。我母亲曾在罗马经营过这样一家店，不经意间就能发现，她与她的顾客不只维持了生意上的往来（这些女性在人生中的不同阶段，花了不少时间让我的母亲和她的助手帮她们设计发型、做美甲等），她们也会讨论其他各种事情，内容涵盖了个人生活和国家大事。（不过我不记得她们有谈论过哲学。）严格意义上来讲，这并不意味着我母亲和这些女性已成为"朋友"，因为她们在其他方面并无交往。古人的想法很好：即使人与人之间的关系建立在共同利益的基础上，也可能因为利益关系的结束而终止，但我们仍然想保持热情友好的态度去社交，因为这是一件正确而愉悦的事情。如康德所说：正确是因为我们不只是为了自己，也是为了将对待他人本身当作目的；愉悦则是因为我们生来就是社会动物，能在与他人的交流中获得满足感。

亚里士多德的第二个 philía，愉悦的友情，很明显是基于互惠的愉悦。想一想你那些酒肉朋友，或者与你有相同爱好的朋友。就像功利的友情一样，这种友情也是基于相互间的利益，只不过这种利益不是工具性，而是愉悦的。正如功利的友情一样，愉悦的友情无须深厚。尽管在现代英语中，我们在这种情况下比起"熟人"（acquaintance）一词，更偏向使用"朋友"（friend）一词。当然，像功利的友情一样，一旦与之相关的"社交黏合剂"溶解了，愉悦的友情也会随之消逝——例如，我们对某种特定的爱好失去兴趣，或者在城市的另一个地方发现了新酒吧。

在亚里士多德分类下的第三种友情，向善的友情要远远高于大多数人对朋友的标准要求。向善的友情是一种十分罕见的现象，人们发现，彼此之间有一种无需商业交流或者爱好加持的吸引力，只是因为喜欢对方就保持这种友情。正如亚里士多德所说，在这种情况下，我们的朋友成了我们心灵的明镜，他们关心我们、帮助我们成长并成为更好的自己。这样，你应该可以看到为什么"向善的友情"指的不仅是现代意义上的友情，也包括我们与家庭成员、与伴侣之间的关系。

再次声明，亚里士多德并非斯多葛派信徒，尽管斯多葛派信徒也认为，唯一值得被称为友情的就是向善的友情。然而，关键在于，斯多葛派信徒并没有否认另外两种友情的存在及其重要性。只不过，他们将这两种友情划分为"可取的无关紧要之物"。也就是说，只要不影响你的美德和道德，你就可以拥有并培养它们。

值得注意的是，古希腊－罗马人对友情和爱的分类不仅比我们的丰富，也与我们现在的概念不同：他们将我们划清界限的关系关联起来，例如，我们会将"朋友"（一种类型的朋友）、"家人"（另一种类型的朋友）与职场上的熟人三者区分开来。最终，这些概念以及我们如何运用，对我们在现实世界，尤其是社会环境中寻找方向有着十分重要的影响。不过，我很欣赏古人在这方面运用的丰富词汇，想必读者们也会赞同吧。或许，我们在精简语言的时候，也失去了某些东西吧。毕竟，意义丰富的语言能反映更加微妙的思想，也能让我们更好地面对生活。

第十四章　实用行为守则

在你检验完成自己一天所做的事情之前，不要让睡意合上你困倦的眼皮。想一想，我哪里做错了，做了什么，还有什么没做？从头开始，审查你的一言一行，为恶行感到自责，为善行感到欢悦。

——爱比克泰德，《论说集》3:10

经过与爱比克泰德的多次探讨，不论是在公元前2世纪的古罗马，还是21世纪的今天，我们或许已经对斯多葛学派的理论和日常应用有了相应的了解。那么，我们要怎样真正地体验这门生活哲学呢？

没有一种独特的方法，抑或一整套像宗教教义那样的固定教条来让你遵循——我倒觉得这是件好事。不过，我和其他几位近期出版过斯多葛学派相关书籍的作者，通过结合古典文集与认知疗法的现代技术，以及个人经验等，发展出了一套实践斯多葛派理论的方法。践行斯多葛派哲学的方法因人而异，因此，接下来我提出的建议仅供大家参考，不必生搬硬套。

我向爱比克泰德请教过这一问题，他建议我去读他的 *Enchiridion*，也就是《手册》。不过，这本书非他所著（我们也知道，他其实没写过任何作品），而是由尼科米底亚的阿里安编撰而成的。如果我留给人类的唯一遗产是学生按照我的演讲整理出来的一堆笔记，我不太确定自己会对此有何看法，但是有些学生确实聪明过人，不管怎样，这也是爱比克泰德留给我们的东西。同理，我们留下什么遗产自然不受自己控制，虽然我们能控制如何解读、使用别人的遗产。

而且，阿里安并非一名天资平庸的学生，即使在当时也不是。他后来成了著名的历史学家、军事领袖、罗马帝国的公务员，并在公元130年被推举为执政官，随后担任卡帕多西亚省的行政长官。阿里安在公元117至120年间到爱比克泰德的学校学习，并在尼科波利斯跟随他的老师待了一段时间。最终，阿里安前往雅典，随后做了一番杰出的事业，包括受哈德良大帝任命担任元老院议员。退休后，阿里安回到雅典，并担任了执政官或行政长官一职（显然，他无法对世事袖手旁观、无动于衷），后死于斯多葛派皇帝马可·奥勒留统治时期。如萨莫萨塔诗人卢西恩所述，阿里安是"罗马之杰，此生致力于学习"。

如果有这样的学生在我的课堂上记笔记,再好不过了。

我通读了阿里安根据爱比克泰德的演讲编撰而成的《手册》,并从中提炼出了12条"精神守则",或者"如何在生活中践行斯多葛派思想的备忘录"。我认为,初始践行这些守则的最好方式,是将它们以你喜欢的顺序添加到你的日程表中。(在这里,我将按照它们在《手册》中的顺序罗列出来。)现在的智能手机有各种各样的应用程序帮你做到这一点,你就能每天收到提醒,践行其中一条守则(如果想要更有趣的话,可以把顺序设置成随机)。每天一有空,就重温几遍爱比克泰德的语录,并挑出一条具体建议实践。我们首先要做到将斯多葛派的思维方式谨记于心,同时虔诚地付诸实践。最终,这些练习将会成为你的第二天性,那时你将不需要备忘录了(虽然我还是没取消我的日历消息提醒,以防万一),而是会自发地践行,将其应用到人生的大小事务中。

从斯多葛派哲学的角度出发,能最自然地理解这些练习。所以,在开始练习前,我们先来回顾一下在本书中学过的一些斯多葛派基本原则。

在与爱比克泰德的对谈中,我们已经了解到斯多葛派的各种思想。首先,最重要的是我们在第二章中谈到的斯多葛派三大原则——欲望、行动、认同,以及它们与三大领域——物理学、伦理学、逻辑学的联系。现在,我们可以再回顾一下当时的讨论，更新一下你对这些学科和学术领域的理解。这三大原则是本书所有章节的逻辑主干。为了使我们的练习效率最大化，我从三大原则中提炼了一些精华语句：

1. 美德是至高的善行，其余则无关紧要。 前半句是斯多葛派从苏格拉底的话中获取的，苏格拉底认为美德是主善，因为它在任何情况下都极具价值，并能帮助我们合理利用健康、财富和教育。斯多葛派认为，美德至高无上，其余一切均无法与之相提并论。在不损害美德的情况下，斯多葛派可以追求可取的无关紧要之物，并尽量远离不可取的无关紧要之物。在现代经济理论中，这种著名的方法被称为"字典序偏好"。举一个使用字典序偏好的例子——无论你多么渴望拥有一台兰博基尼，你都不会拿自己的女儿去交换。

2. 顺应自然。 这意味着，要将理性运用到社交生活中。斯多葛派信徒认为，我们应该从宇宙形成的过程中获得提示，运用在我们的生活中。因为人类是天生可以使用理性的社会动物，所以我们应该尽力运用好理性，构建一个更好的社会。

3. 控制二分法。 有些事情在我们的掌控之中，有些则不在（但是我们可以影响它们）。只要我们的精神状况足够好，就可以掌控我们的行动和决定，而其余一切则在我们的掌控之外。我们应该关注在掌控之中的事情，用平和的心态对待其他事情。

此外，当进行这些练习的时候，请记住，它们意在让你进一步掌握斯多葛派的四大美德：

（实用的）智慧：以最好的方式应对困境。

勇气：无论面对任何情况，都要做身心正确的事情。

正义：不分贵贱，公平地善待每一个人。

节制：在生活的各个方面践行适度的原则和自我控制。

复习完这些斯多葛派的基本理论后，我们就可以更好地检验（并实践）我从爱比克泰德（实际上是阿里安）的《手册》中提炼的12条守则了：

1. 检验你的印象。"现在就做个练习——对每一个强烈的印象说：'你只是一个表象而已，并非事物的本质。'接着，以你的标准检验并评估它，最重要的是问自己：'这件事情在我的掌控之中吗？'若它在你的掌控之外，你可以这样回应：'那这就不关我的事了。'"

这是我们在本书开头提到过的，经典的控制二分法。爱比克泰德劝诫我们实践他的学说中最基本的原则：不断检验我们的"印象"，也就是我们对事件、对他人，以及对听闻的一切的第一印象。退一步，给自己留出理性思考的空间，避免情绪化的反应，询问自己抛来的东西是在我们的掌控之中（这种情况下，我们应该采取行动），还是在我们的掌控之外（这种情况下，我们应该意识到不应再去关心它)。

举例来说，在写本章的前几天，我因为吃了变质的鱼而中毒，并经历了痛苦的48小时。在此期间，我几乎什么都做不了，更别提工作和写作了。通常情况下，这是一件"坏事"，我们大多数人经历了这样的事情可能会抱怨并寻求同情。然而，我身体的生化结构和潜在的致病因素显然并不受我的控制（虽说决定在某家餐厅吃鱼在我的控制范围内）。这样一来，我就毫无理由去抱怨食物中毒，毕竟抱怨并不能改变已经发生的事情。尽管如此，人类的天性还是会寻求同情，即使从斯多葛派的角度来看，这样只是为了让我们自己感觉更好些——这种寻求同情是强加在别人身上的，因为在这种情况下，别人除了同情我们，没有其他事情可做。对于斯多葛派信徒来说，同情他人无可厚非，但如果我们自己生病，寻求别人的同情就显得有些自私了。相反，我想起了爱比克泰德的话：接受了我正在发生的生理反应，采取了较为合适的医疗措施（服用益生菌），并调整了自己面对窘境的心态。好吧，既然我无法工作或写作，那我连试都不用试了。毕竟我还有其他可以做的事情，而且无论如何，我的身体很快就会恢复健康，到时候我再工作、写作也不迟。

再多说一句，"这件事对我来说无关紧要"常常被误解。这并不是要我们不关心自己身上发生的事情，例如，在食物中毒期间，我不得不一直提醒自己，健康在斯多葛派眼中是可取的无关紧要之物——健康值得我们去寻求，但前提是它不会损害我们的正直和美德。不过，如果我们处在某种实在无能为力的情况下，那确实不需要再"忧心"了——我们应该停止尝试改变当下的情况——因为它在我们的掌控之外。拉里·贝克称其为"无效公理"，他直截了当地阐述道："参与者应当避免直接尝试去做（或成为）在逻辑上、理论上或实际上不可能做到的事（或人）。"我认为这是金玉良言。

2. 提醒自己世事无常。"对于那些让你感到愉悦、对你有益，或你逐渐喜欢上的事情，记得提醒自己它们到底是什么。从那些不是很值钱的东西开始，例如，如果你喜欢瓷器，就说：'我喜欢的是一件瓷器。'当它破碎的时候，你就不会感到惶恐不安。当你在亲吻你的妻子和孩子时，告诉自己：'我亲吻的是一个凡人。'当他们离你而去的时候，你就不会那么伤心欲绝了。"

学生们第一次听到这段来自《手册》的名句时都十分震惊。这是被误解最深的斯多葛派智慧之一，有些人甚至故意曲解它的意思。因此，正确地理解这段话十分重要。然而，麻烦的部分并不在于爱比克泰德对瓷器的看法，而是对妻儿的态度。如果爱比克泰德只讲第一个例子，那么我们都会认同他的观点——把它当作一个合理的提醒，告诫自己不要太过于依赖物质上的东西，甚至把它当作一个来自公元 2 世纪的对消费主义的警告（消费主义并不是现代美国人所提出，这种风气在罗马帝国时期就已经开始盛行，但有一点从古至今都保持一致——只有负担得起这种消费的人才会奉行消费主义）。但是，第二部分揭示了对人类状况的深刻洞察，可能需要一些背景知识才能领会其中的含义。说到底，斯多葛派信徒们认为自己信奉的学说是一门关于爱的哲学，它并不会冷酷无情地漠视人类及其遭受的苦难。

首先，让我们回顾一下历史背景：在爱比克泰德文中所指的时代，哪怕是皇帝（像马可·奥勒留本人），会因为疾病、暴力和战争而过早地失去他的孩子，以及其他心爱的人。即使是目前，在西方和世界其他一些地方，我们很多人能免遭此难，可生命终究是转瞬即逝的，我们深爱的人可能会毫无预警地被夺走。

其次，也是很关键的一点，爱比克泰德给出的劝告并不是让我们残忍地对待我们所爱之人，而是恰恰相反：我们应该时常提醒自己所爱之人有多么珍贵，因为他们随时可能离我们而去。任何失去过挚爱的人应该都能理解这一点。爱比克泰德的意思是，我们应该像罗马将军们在永恒之城里庆祝他们的胜利一样，度过我们的一生。有人在我们的耳边悄声说着："Memento homo。"（记住，你只是个凡人。）

请原谅，我不得不再次搬出我的私人经历。在我开始认真学习斯多葛派哲学的时候，我的母亲因癌症去世了。10年前，我的父亲也因为同样的疾病（也可能是因为相同的诱因：吸烟）离世。双亲的逝世对我产生了很大的影响，这不是因为我们曾经拥有十分和谐的关系（我反而更感激我的外祖母和她的伴侣——与我没有血缘关系的外祖父，是他们抚养我长大），而是因为，他们的离去意味着曾经带我来这个世界的两个人再也回不来了。失去父母是我们大多数人人生的必经之路（除非我们先他们一步逝去），任何失去过父母的人都能证明这种经历的痛苦，当然特殊情况除外。但是我发现，我对待疾病和对待父母离世的方式十分不同。

当我父亲被确诊患上癌症时（后来证实，他罹患的癌症不止一种），我从来没有觉得我与他相处的机会和时间不多了——不仅因为我们的相处时间被突然缩短（他过世的时候享年69岁），还因为我们相距超过7000公里，他在罗马，而我在纽约。我表现得就像我们还有大把时间一样，拒绝接受这件我早已料到的事实：我的父亲很可能在短时间内离开人世。父亲最终于5年后离世，但我还是被他病危的消息杀了个措手不及；在他咽气之时，我并不在场。（那时，我在去往纽约机场的路上，准备搭乘飞机去罗马。）

我一直对这件事中自己的态度十分后悔——直到斯多葛派教会我，人是无法改变后悔之事的，正确的做法是从经历中吸取教训，而不是在无法改变的决定上停滞不前。因而这让我在面对母亲的病症时有所改变。对于她来说，死亡降临得更快，由于最开始的一次误诊，我们有很长一段时间都不知道到底发生了什么。然而，当情况逐渐明了后，我回到意大利看望她，也为之后可能会发生的事情做好了准备。每次我从医院离开，吻别她时，都会不由得想起爱比克泰德治愈心灵的话。我不知道我在接下来的那一天还能否见到她。只不过这样的想法并不能减轻我的痛苦，毕竟斯多葛派哲学并不是魔法。不过，就像罗马人曾经说过的，我要尽最大努力出现在当下（hic et nunc）。这就是爱比克泰德想要灌输给他的学生的东西：他绝不是劝我们不要关心（尽管英文中"你不会感到烦心"的翻译多多少少失去了希腊语原文中的辛酸意味），而是建议我们关心和珍惜当下所拥有的一切，毕竟我们无法知晓命运会不会在明天就将他们带走。

3. 保留条款。"准备做一件事的时候，先在脑中预演一遍。如果你准备要去洗澡，想一想你在澡堂中的场景——人们溅起水花、推搡、吵闹，甚至有人会偷走你的衣服。若你一开始就说'我想洗个澡，但同时我还想要保持我的意愿与自然一致（也就是在社会生活中运用理性）'，洗澡的时候每做一件事都这么想，你去洗澡的时候就会更加镇定。这样的话，如果在你洗澡的时候发生了什么事扰了你的兴致，你也早已做好了准备：

'嗯，我不只是想要洗澡，还想让我的意愿与自然保持一致。要是发生了一点什么事情就让我崩溃的话，那我根本没法做到这一点。'"

我喜欢上一段的最后一句话，有些人总是认为事情必然会有好的结果，不好的事情只会发生在别人身上（可能从某种程度上看，他们觉得这是自己应得的）。相反，作为斯多葛派信徒，我们应当在做的任何事情中引用保留条款，甚至把它当作我们的人生格言，因为**谋事在人、成事在天**。

还有一点值得注意，爱比克泰德举的例子是一个十分简单的情形：他想享受去洗澡这个体验。就像我们想在不被那些非要拿起手机看消息的人打扰的情况下，好好享受一场电影一样。这里，我要再次提到我的个人经历：曾经，每当发生这种事的时候，我都会非常生气，并与拿起手机的人展开一场没有意义的争吵。而现在，我会运用两个斯多葛派技巧解决这件事：首先，我当然会想到控制二分法。去看一场电影是我能控制的事（我完全可以在家看一场别的电影，或者做一些其他事情），对待他人的态度也是我能控制的。尽管他人的行为肯定不在我的掌控之中，但是我可以影响他们：礼貌地向这位票房贡献者解释为什么他（她）的行为考虑不周，或者礼貌而又冷静地向影院经理投诉这一情况——因为他们有责任保证顾客能有愉快的观影体验。

第二种技巧则是正确地理解保留条款。爱比克泰德并不是劝告我们接受别人的无礼行为，而是提醒我们，即使脑中已经有了既定目标，事情的走向也可能并不会如我们所愿。在这种情况下，我们选择让自己痛苦，进而故意让情况变得更糟，但还是要记得首要目标：做一个得体的人，不要做任何折损我们美德和正直的事情（例如，以无礼行为回应另一个人的无礼行为）。

斯多葛派有一个很好的类比可以解释这一点。这个观点据说被收录在爱比克泰德《论说集》未能存世的一卷中，其提出者是克律西波斯——雅典斯多葛学派的第三位领军人物。设想有一条狗被拴在马车上，马车开始前进，控制马车的是车夫，而不是狗。如果拴住狗的链子足够长，狗有两个选择：既然无法控制马车，那就小心翼翼地跟着马车前进的方向前进，这样它还能够欣赏沿途景色，甚至做一些自己的事情；要么就使出浑身解数反抗到底，最终被拳脚相加，不但浪费了时间在无效的事情上，还在剩下的旅途中落得痛苦不堪、垂头丧气。我们人类何尝不是这条狗呢：宇宙按照神的意志（如果你信教的话）或者因果律（如果你的思想更为世俗化）不断运转。尽管如此，只要你还好好活着，你依然有活动的空间，可以享受这段旅程，即使你很清楚处处都有限制，也知道任何你想达到的事情都有它的条件（成事在天：车夫、神、宇宙）。这就是无论你做什么都要"遵循自然"的意思。

还有另外一个方法来诠释这个练习，感谢我的朋友比尔·欧文在他的《像哲学家一样生活：斯多葛哲学的生活艺术》一书中详细解释了这一点。假设你正在进行一场网球比赛，或者更重要的，你将要得到晋升。爱比克泰德曾提到过斯多葛派应对这两种情况的方法，这个方式被比尔重新注解为内化你的目标。虽然我们自然而然地认为我们的目标是赢得比赛，或者得到晋升，但这些结果显然不在我们的掌控之中，我们能做的只有影响它们。所以我们需要确定一些在掌控之中的目标，即使是命运也无法改变它。比如，无论结果如何，我们都能尽全力打好比赛，或者在晋升结果出来之前整理出最好的申请材料。这样我就不需要再说什么"成事在天"了，而是像古罗马人那样说"repetita iuvant（好事多磨）"——这不是让我们被动地接受比赛的失败，或者接受发生在晋升过程中的不公。相反，不论我们是否赢得比赛、是否得到晋升，也就是说，当事情没有朝着我们期待的方向发展时，运用智慧可以使自己懂得即使努力了，也未必如愿以偿。不要将自己的志向与宇宙（可能）的运转规律混淆——明白这一点，才是智者的标志。

4. 我当下该如何运用美德？ "不论面对怎样的挑战，都不要忘了你拥有应对它的资源。面对俊男靓女的诱惑，你会发现自己有自制力来应对。面对痛苦，你会发现自己有忍耐力来应对。如果你被侮辱了，你会发现自己有容忍力来应对。随着时间的推移，你会发现无论是什么样的表象，你都有相应道德的方式来应对。"

我认为，这是斯多葛派学说中最能赋予人力量的一段文字。断了腿、曾是奴隶的爱比克泰德告诉我们，要好好利用每一个机会、每一次挑战，把它们当作对美德的锻炼，在一次次的践行中成为更好的自己。注意，他通过践行美德来抵制诱惑，淋漓尽致地体现了斯多葛派的观点——认为生活中的每一个挑战都是完善自我的绝佳机会。当一个极具性吸引力的人与你擦肩而过，你不会想方设法与其同床共枕，除非你们碰巧都是单身，同时，即使满足了自己的欲望也不会使他人痛苦。不然，你就该唤起你的自制力，集中精力改变你的想法，直到你最终抵制住这份诱惑。

我们要举的第二个例子有些不同，不过结果相似，斯多葛派信徒会给出同样的回应：你无法控制疾病和痛苦，早晚它都会在你生命的某个阶段出现。但你可以控制它，不止用服用药物这一种方法（斯多葛派信条绝对不会限制药物的使用），还可以试着调节自己的思想态度。难怪，爱比克泰德与"一忍再忍""忍耐和放弃"等说法联系在一起。但请记住，我们的目标不是要过忧心忡忡的生活。相反，我们是为了达成斯多葛派所说的 apatheia（尽管这个词用英语翻译过来显得很生硬），也就是内心的平静、心无旁骛地去应对生活中发生的任何事情。

此外，我的亲身经历或许能提供参考。不久之前，我独自在家准备自己的晚餐，为了做美味的意大利面酱，我切了洋葱准备下锅煸炒。不幸的是，我一不小心就切到了左手无名指，伤口很深，深到我不得不托着手指以防它脱落。（写这篇文章时已经距离那件事过去了一年，但我的手指仍然没有完全恢复知觉。）我清楚地记得，自己当时自觉地转变了态度，要是换作几年前的我肯定做不到。我看了一眼手指，用另一只手十分小心地握住它，并迅速判断出立即把血擦掉绝不是什么好主意，而应该马上出门去医院看急诊。在去医院的路上，我不停地在进行坏事预演（premeditatio malorum）：可能发生的最坏情况是什么？我要怎么应对？我不是医生，但据我所知，最坏的情况会让我遭受剧痛、血流不止，甚至可能永远失去这根手指。嗯，这应该也不算太糟糕吧？我不是钢琴家，用两根手指就能快速打字，况且这种程度的外形改变也不至于影响我去约会。我觉得，我能解决这个问题，也确实做到了。结果，事情的发展也远比我的坏事预演要好得多：我保住了整根手指，甚至还能时不时地用它打字，我的浪漫生活也没有受到影响。

5. 停一停，做一次深呼吸。"请记住，如果你被殴打、被侮辱，请相信这并不足以让你受到伤害，真正能伤害你的一定是你认为自己受到了伤害。如果一个人激怒了你，那是因为你自己的想法也在从中作梗。这也是我们不要冲动地回应表象的原因。与之相对，我们该腾出缓冲的时间，这样你会发现自己能更容易控制情绪。"

如我们所见，斯多葛派能像坚硬的石头一样很好地应对侮辱（你试过侮辱石头吗？效果如何？），那些持同样看法的人也会以幽默的方式回应。这里想强调的是实践最关键的一步——以一种更加理性的方式审视我们的印象。无论是像侮辱这样的消极印象，还是像欲望这样的积极印象，在可能发生的窘境下，我们需要抑制自己的冲动，不要凭本能立即做出回应。相反，我们要暂停一下，做一次深呼吸，或者出去走走，然后再尽可能客观、平静地（并非不在乎）思考这件事。这个建议听起来简单，做起来却十分困难，但非常重要。一旦你开始认真实施这个练习，你会发现你处理事情的方式有显著改观，其他发现这种改变的人也会积极地给你反馈。到现在为止，我已经数不清有多少次因为按照爱比克泰德的话去做而挽救了局面，改变了我的心情。

你知道耐克那句著名的广告词"Just Do It"吧？只不过，斯多葛派信徒对此持反对意见。如果事情很重要，你真的应该在做决定之前停下来仔细考虑一下。想象一下，如果你在几年前就开始按照斯多葛派的方法做事，你将会给别人少带去多少烦恼？你将会避免多少尴尬的情况？而且还会给自己带来多少自信和积极的情绪呢？正如我们的朋友爱比克泰德所说："（下一次）你遇到或麻烦或愉快或光荣或羞耻的事情时，记住，拼搏的时刻到了。奥林匹克竞赛近在眼前，你的奋斗也将开始。一天、一个行动都能检验你所取得的进步到底是不复存在，还是仍然保持。"生活的奥运会已经开始，即使你之前从来没有参加过，现在加入也不迟。

6. 他人化。"我们可以从与他人的共同经历上熟悉自然的意愿。当我们的朋友打碎了玻璃杯时，我们会立即回应：'哎呀，真不巧。'那么当你打碎自己的杯子时，也该用同样的心态接受这件事。而更严重的事情，例如当别人的妻子或者子女去世时，我们都会进行例行表达：'请节哀顺变。'但如果去世的是我们的家人，我们的反应很可能是：'真难过，我太可怜了！'这种时候最好能记得别人失去了亲人时，我们是怎么回应的。"

这是一个绝妙的练习。爱比克泰德指出了我们是如何区别对待发生在别人身上和我们自己身上的相同事件的。如果困难或者灾难发生在别人身上，我们很容易保持镇静（再次重申，这不意味着冷漠！），我们凭什么认为自己能得到宇宙的偏爱，或认为自己就是宇宙的宠儿呢？

当然，即使我们能让自己意识到并理解（这一点更难）自己与这颗星球上的其他人并无不同，因此我们对待发生在别人身上和自己身上的事情的态度应该保持一致，我们仍然可以提出异议，质询斯多葛派的理论，正确的做法是像同情自己的遭遇一样怜悯同情他人的痛苦。斯多葛派对此有两个回应——第一种基于事实论证，第二种则基于哲学原则。事实上，人类在生理上无法达到这种程度的同情。要求我们对地球上每个生命的消逝，都感到如我们所爱之人的逝去一样悲伤，是不人道的。从哲学的角度来看，我们对他人说"我很抱歉，请节哀顺变"这句话虽然不能算完全正确，但比我们对自己说的"我太可怜了"更加贴近事实。事故、伤害、疾病和死亡无可避免，虽然我们的确会因为它们感到心烦意乱（打碎玻璃杯简直无法与失去配偶相提并论！），但是知道它们是自然规律能让我们得到慰藉。宇宙不是围着任何人运转的——至少不是围着我们之中的某一个人！

我发现，"他人化"练习的两个诠释对我最近的一些经历非常受用。有时我会忽略自己亲近之人的感受，认为他们对任何事情都反应过度。但爱比克泰德提醒我，一旦类似的事情发生在我身上，例如朋友或者同事对我进行嘲讽，我就会有截然不同的感受。同理，如果现在不愉快的人是我，我会立即想到几乎每个人都与我有过相似的经历，或者将会有相似的经历。我认为，这种调整自己对待他人所受不幸的反应，以及将自己的问题放在更广阔的格局中的做法，可以帮助我逐渐心平气和地看待事物，而这样的心态是我在学习斯多葛派哲学之前所没有的。

7. 言简意赅。"让沉默成为你生活中大部分时间里追寻的目标；只在必要的时候开口，开口必言简意赅。当你在那些极少数情况下被要求说话时，那就说，但绝不要提那些陈词滥调，比如角斗士、赛马、运动、食物、美酒等庸俗的事物。最重要的是，不要在背后议论别人，不论是夸奖、指责还是拿他人做比较。"

我必须承认，这个练习对我来说很难。这可能是因为我本身就自视甚高，再加上长时间执教养成的职业习惯。不过，我已经试着将这个忠告牢记于心，并渐渐发现了它对我的帮助。很少有人希望在晚餐或者社交场合听到长篇大论。想想看，应该很少有人愿意在任何场合听到说教吧！因此，这个练习能带给你的一个效果便是，让你在任何场合都更受欢迎。

再仔细一想，爱比克泰德罗列的不宜谈论之事就十分明了了。我们现在不怎么会谈论角斗士，但会谈论运动明星、影视及音乐明星，以及其他"名人"（恰如音乐剧《芝加哥》中的一首歌所唱，"因为有名而有名"）。为什么我们不应谈论这些，或者尽可能少地谈论呢？因为它们本质上是空虚的。我们为什么要关心卡戴珊一家（或者其他任何名人）在做什么呢？当然，把这些事情都归为肤浅听起来有些太精英主义了，令现代人反感。但我们之所以这么说，是因为我们认为"严肃"的事情都太无聊了，而且理解这些事情所需要的背景知识和注意力，远比谈论快乐的事情所需要的多。然而，这种看法并不总是正确的。那些经常参加古希腊研讨会（在罗马，这样的研讨会被称作convivium，意为"一起生活"）的人，认为一场成功的晚宴应该围绕着对哲学、政治，以及其他"严肃"话题的探讨展开。为了使讨论流畅进行，古希腊人和罗马人都会为与会者提供低酒精葡萄酒和零食。启蒙运动期间，欧洲开始兴起私人"沙龙"，受邀参加沙龙谈话成为一种荣耀，而且几乎没有听说过这样的谈话会让人感到无聊。

爱比克泰德的第二份清单，即避免谈论，其"重中之重"包括避免背后议论他人和妄加评论他人。我们来进一步讨论一下这份清单。背后议论他人曾经是人们"掌握他人动向"（比如说一个部落的成员）的方式，在你依赖周围人生存，而需要判断他们是否值得信赖时显得十分有用。即使在现代社会，我们也需要评估周围与我们互动的人，来确定他们是否是合适的伴侣、朋友、生意伙伴和同事等。这种评估最好能当面完成，基于对方的实际言行和表现（行为尤其重要）来判断。在一个人不在场时议论他、完全不留给他自我辩护的机会，似乎并不是一件高尚的事，在斯多葛派看来，参与这种活动无疑是在贬低自己。

爱比克泰德建议中的一个重要部分，基于斯多葛派的通用原则——我们可以制订最佳的行动方案，并依照此方案调整我们的言行。开始时,你可能会感觉这很困难,甚至有点不自然,不过当你养成习惯后,重新引导行为就会变得越来越容易,你甚至会惊讶自己以前居然有过别的做法。所以,我不建议你突然彻底改变自己在社交场合所有的行为举止。你可以试着改变部分行为,看看它是否适合你。从减少对"角斗士"话题的回应开始,试着偶尔引出一下更具挑战性的话题(可能是你最近读到或看到的,或者你认为可能对你和友人都有利的内容)。看看会发生什么!我现在可是更愿意参加晚宴了,这挺让人惊讶的。

8. 谨慎选择你的同伴。"避免与哲学家以外的人深交。如果你不得不如此,那么小心不要落到他们的水平,毕竟'近朱者赤,近墨者黑'。"

每次读到这段话,我都大笑不止,因为这段话体现了斯多葛派的另一个特质——直言不讳。任何听到这话的人想必都会大吃一惊,不过,我越是深究其中的含义,越能理解这话能使现代人受益良多。的确,这种建议听起来(又一次!)像是令人厌恶的精英主义,但只要反思片刻,就会发现其实不然。首先,想想这是出自谁之口:这可不是某位住在半封闭的罗马豪宅或者戒备森严的铁门里的古板贵族说的,而是出自一位依靠露天教学谋生的前奴隶之口。其次,爱比克泰德所指的"哲学家"并非专业学者(相信我,你不会想跟他们交往的),而是那些有志于追求美德和培养品格的人。从古代的观点来看（我们现在要是也能这么看就好了），我们每个人都应该立志成为这样的哲学家——将理性运用于提高自身的生活品质，以及增添周围环境的福祉。从更普遍的意义上来说，这一掷地有声的建议是在告诉我们人生苦短，诱惑和无意义之事无处不在，所以我们需要关注自己在做什么样的事、交什么样的朋友。

此外，我还试着把这项策略运用到自己的社交生活中，这与之前言简意赅的练习配合得相得益彰。我并不是说我只是简单清理了一下我的脸书"好友"名单（虽然我确实也这么做了），而是更加关注我与谁相处、为什么与此人相处。在理想情况下，就如亚里士多德（他不是斯多葛派！）所说：我们希望与比我们优秀的人做朋友，从而向他们学习。至少这样的朋友可以帮助我们举起心灵的明镜，使我们更坦诚地面对自己，了解自己的（而不是朋友的）不足，并继续努力。

9. 以幽默应对侮辱。"如果你发现有人在散播你的谣言，不要试着去为自己辩护；相反，试试这样回答：'是啊，他还不知道我别的毛病呢，不然他就不会只说这些了。'"

这是一个非常有趣的例子，它在展示深远智慧的同时，还反映了爱比克泰德特有的幽默：不要对他人的侮辱动怒（请记住，他人所说并非在你的掌控之中），而用自嘲来回应。这样你会感到好受些，而说出这些话的人反而会陷入尴尬的境地，或者至少失去继续嘲讽的动力。我们先前提到的比尔·欧文，无比完美地掌握了这种方法。他曾经讲过一个故事：有一次，他的一位同事在教学楼走廊里把他拦下，说道："我在想要不要在我的下一篇论文中引用你的文章。"一开始，比尔还挺开心，认为这位同事很欣赏他的文章（相信我，这种事情并不经常发生，在哲学系更是如此），结果这位同事继续说道："是啊，但我还不确定你的文章到底是误人子弟，还是彻头彻尾的邪恶。"我们大部分人都会对这种说话方式感到恼火，这位同事的话中包含两种可能，一种是没有恶意的"就事论事"（学者们"不善社交"的名声并非凭空捏造），另一种就是有意图地贬低。比起试着为自己辩护，进行一场很可能无意义的论文解说，比尔选择了斯多葛派的做法。他深吸一口气，笑着说："哈哈，幸好你没有读过我其他的文章，不然你更会觉得我心术不正、误人子弟了。"

我确信，读者一定会相信这是我实践过（哪怕做得还不够好）的建议。这样做，让我与他人（尤其是怀有敌意的人）的相处方式产生了剧变。在年轻的时候，我比现在更没有安全感，更容易被冒犯到，甚至有时候因为感觉受到了侮辱而忧虑，整夜无眠。若是这些"侮辱"来自我所钦佩或者当作朋友的人，我会更加痛苦。现在，我学着比尔的做法，不但不会对侮辱感到难过，反而能提起兴趣再添一把柴（不得不说，现在我受到侮辱的情况很少见了）。

当然，如比尔所说，实践他所谓的"侮辱和平主义"的最佳练习场还是互联网。为了专业和扩大活动范围的需求，我在社交网络上很活跃，还同时运营两个博客。网络上的很多人会挑衅、侮辱、行为粗鲁，这使得我不得不在一开始（在我对斯多葛派哲学感兴趣之前）就为我的读者和粉丝，以及我自己制订基本规则。而在我践行斯多葛派哲学之后，以幽默回应侮辱无疑为我的网络生活增添了不少乐趣。首先，我遵循了爱比克泰德先前的建议，做到言简意赅：我不再像以前那样频繁参与评论互动，而是花更多时间倾听。更重要的是，我开始意识到，侮辱是否成为侮辱并非取决于加害者，而是在被侮辱者认为这是侮辱的时候才起作用。

对于这项练习还有两点要说明。首先，也是最重要的一点，这不能与霸凌混为一谈，更不应该成为忽略霸凌（无论是网络霸凌还是现实中的霸凌）的托词。霸凌是一种绝不能被容忍的行为，并且应将其扼杀在萌芽阶段，尤其是当霸凌对象是未成年或患有心理问题的人群时。而斯多葛派提出的很多建议中也反映了这一点：在消除和减少问题的同时锻炼自身的忍耐力并不矛盾。事实上，我们不仅不用二选一，反而应该让二者互助前行。在练习中，你训练自己忍受侮辱的次数越多，心理就越强大，越能更有效又适当地做出回应。反之亦然：反对霸凌能让你看到它有多幼稚（尤其是成年人的"霸凌"），而这一洞见更能帮助你铸造出坚韧不拔的个性。

第二点则来自一条反对意见：或许你认为的侮辱只是批评，甚至是建设性的批评。若是忽视它，或者不认真对待它，你很有可能错失一次提升自我的机会，甚至会变得傲慢自负。

因此，我们需要牢记智慧是斯多葛派的四大美德之一，而践行智慧能让我们更容易区分批评和侮辱。它们的区别通常很明显，即使你不是圣人也能区分。即便如此，当你感觉受到侮辱时，问自己这几个问题总归没错：这个侮辱我的人是我的朋友或者我敬仰的人吗？若答案是肯定的，那么他可能是在善意地提建议，只不过比较严厉罢了。但哪怕这个人看起来不太像朋友，也不像是会提出建设性建议的人，有没有可能她看到了一些你没有意识到的事情呢？在这种情况下，应该忽略她话中尖刻的成分，转而关注她所意指的可能被你忽略的问题。即便是侮辱的语言，也完全有可能让我们从中学到东西。

10. 不要总让话题围绕着你转。"与人交谈时，不要过多谈论你的冒险或英勇事迹。因为你在享受自己的经历带来的愉悦时，并不能保证其他人也从中得到同等的快乐。"

我必须承认，我时常无法遵循这条建议（见前文所述的"自视甚高"和"职业习惯"），但我一直在尝试。每当我成功做到这一点时，我不仅感觉良好，也更享受我的社交生活了。感觉良好是因为，一个人在自律时会感到一种特殊的愉悦，而如我们在前文所见，斯多葛派信徒们也对此不言自明。打个比方，就用我去健身房的例子来说明吧。我不知道你会怎么想，但每当我步入健身房，被前台人员面带微笑地响亮问候"健身愉快"时，我的第一反应往往是，谁会喜欢健身啊？当然，我知道确实有人很喜欢健身，但我们大部分人都不喜欢。然而，我们之所以这么做，是因为我们经过衡量发现，健身带来的益处大于健身时的付出。除此之外，在结束运动去洗澡的路上，我们会得到一种特殊的满足感。这种满足感不仅源于运动对身体的益处，还源于我们感受到的成就——我们就能够拍着自己的背，对自己说：太不容易了，虽然我其实没想做，但还是做到了！

我还认为，这项守则为社交方面带来的益处也很显著，就像没人愿意花时间坐着看完你展示自己假期的幻灯片（即使是保存在你崭新的苹果手机里的照片也不行）一样，没人愿意听另一个人口若悬河地讲自己的事情。可以说，我们并不像自己想象中的那么有趣。因此，相信我（和爱比克泰德），多了解一点社交互动的基本真理并试着实践，这会让你的朋友和熟人更加快乐。

11. 说话时不做评价。"有些人洗澡很快，不要说他洗得不干净，他只是洗得很快。有人喝酒很多，不要说他喝酒没有分寸，他只是喝得很多。在知道他们这么做的理由之前，你怎么能断定他们的行为是不好的呢？这会让你不能看清楚一件事，而认同与其不同的表象。"

我恐怕要承认，这一点我还需要多加练习。但再次强调，爱比克泰德的建议十分有用，也十分具有斯多葛派的风格。这是在建议我们区分事实与评论——通常情况下，我们可以通过观察找到事实，但是无法掌握足够的信息做出评论。

实际上，我们每天都有数不清的机会进行这项练习。你有朋友不注重外表吗？试着描述这件事，而不是加以评价，然后问问自己他为什么会这么做。你的朋友希望自己变得没有吸引力，或者身体不匀称吗？应该不是吧。那么，更深层次的原因是什么呢？比起对其评头论足，你能帮助他吗？或者，当某个同事斥责你或者其他人时，与其与他大声对峙（或者低声嘟囔），说一些你认为"合适"的话反驳他，问问自己：我这样斥责过别人吗？如果我确实像对待垃圾一样对待过别人，我享受这个过程吗？还是存在更深层次的原因，使得我责骂别人，而不是正确地评判？我希望别人来怎样应对我爆发的情绪——我当时是怎样希望的？从现在开始，改变这种状况，看看你能否在气急败坏的同事面前实践爱比克泰德的建议吧。

稍等，试想一下，如果我们对他人抱有更多的同情，只对事件进行事实描述，而不是草率地做出评论，世界将会变得多么美好啊。

12. 反思你的一天。"在你检验完成自己一天所做的事情之前,不要让睡意合上你困倦的眼皮。想一想,我哪里做错了,做了什么,还有什么没做?从头开始,审查你的一言一行,为恶行感到自责,为善行感到欢悦。"

我们最后的练习出自爱比克泰德的《论说集》,而非《手册》。虽然我们已经提过了,但我认为它的重要性值得再提一次。塞涅卡也提出过类似的建议,而且他认为傍晚是最适合实践这项练习的时间,尤其是在上床之前——因为我们一旦上了床,就会被浓浓的睡意侵袭、无法集中注意力。在你家里找一个安静的地方(我在我那仿佛致敬极简艺术的纽约家中都能做到),然后反思这一天都发生了什么。同马可·奥勒留写下他的《沉思录》时一样,我发现写下一天的反思对我来说非常有帮助。

我们的目标是将注意力集中在当天发生的重要事件上,尤其是那些有道德价值的事。或许我今天和同事大吵了一架,回家把气撒在了我的伴侣身上。或者,我对朋友或学生慷慨相助。对于这样的事件,我都会在我的哲学日记里写上几笔,再加以尽量客观的评价,如同给自己当天的道德表现打分一样,然后,在心里默默记住我从这些经验中学到的东西。比起我本人,我更愿意引用斯多葛派最引人注目和优雅的作家塞涅卡优雅又迷人的文字来阐述这一点:

应当在每日检验自己的灵魂。塞克斯塔斯在每天结束前都会这么做，质询自己的灵魂，并在余生坚持此事："我今天改正了什么陋习？审视了何种罪恶？我在哪一方面得到了提升？"如果愤怒知道自己每天要被拎出来接受审判，那么它会自动消失，变得温和。还有什么能比这样每日讨论当天发生的事情更值得钦佩的呢？经过自我审查后，我们的睡眠将变得多么香甜啊！当内心的审判官对我们的灵魂和道德做出或褒或贬的评价时，我将会多么平静、幸福、无忧无虑啊！我利用这一特权，每天对我的行为进行申辩。当台灯熄灭，我的妻子（她知道我的习惯）不再讲话，我会在脑海中回放这一天，重复我所有说过的话、做过的事。我对自己毫无欺瞒——我为什么要害怕面对自己的缺点呢？毕竟说出"我这次原谅你，以后别这么做了"是我自己可以掌控的……优秀的人听得进劝告，而顽劣的人则恼于批评。

附录　奉行实用哲学的古希腊学派

> 疑惑是哲学家的情感，而哲学始于疑惑。
>
> ——柏拉图，《泰阿泰德篇》

本书从斯多葛派的视角探讨了伦理学。当然，伦理学是哲学的经典分支，此外还包括美学（关于美和艺术）、知识论（研究我们对事物的认知）、逻辑学（对理性的理解），还有形而上学（理解世界的规律）。

然而，正如本书开头所述，当今的"伦理学"与其在古希腊罗马时代的含义并不相同，斯多葛派哲学也并非研究伦理学的唯一途径。现代伦理学本质上研究的是行为的对与错，而早期哲学家认为伦理学涵盖的内容更广泛，包括他们认为人类最重要的事情——如何追求幸福生活。然而，追求幸福生活的方式有很多种，这取决于人们如何定义 eudaimonia——蒸蒸日上的人生。主流希腊学派在这一点的解释上存在分歧，了解除斯多葛学派以外在当时（或现在）盛行的学派对我们大有帮助。毕竟我和《像哲学家一样生活：斯多葛哲学的生活艺术》的作者比尔·欧文观点一致，都认为采纳并适应一种能指导你的生活哲学，比你最终选择信奉哪一个学派更为重要。

的确，有一些十分糟糕的"哲学"对我们人类的繁荣发展毫无益处。但或许也有其他适合你的哲学——我不想给你留下除了斯多葛派哲学，其他的哲学都一无是处这样的错误印象。我不会在这里讨论起源于东方传统的多种生活哲学，如佛家、道家、儒家等，因为我对此类学说知之甚少，况且已经有很多优秀的著作对其进行了详细探讨。也许，我们可以从简单了解一下在基督教兴起之前古希腊时期盛行的西方传统哲学学派开始。下面要展示的，是一幅简化版的古希腊主流学派关系树状图。这些学派要么本身就在追寻美好生活，要么就对此颇有研究。

如你所见，一切都源于苏格拉底。对苏格拉底教导的不同理解，衍生了三大学派：柏拉图的学园派、亚里斯提卜的昔勒尼学派，以及安提西尼的犬儒学派。亚里士多德的学派起源于学园内部（亚里士多德经常去那里），昔勒尼学派发展出了伊壁鸠鲁学派，而犬儒学派孕育出了斯多葛学派。然而，考虑到这些学派间的相互影响，我们最好把它们的实际关系看成多对多的关系，而不是一脉相承的关系。让我们来对每个学派逐一进行简单的了解，说不定在学了这么多关于斯多葛学派的知识后，你最后选择成为犬儒主义者，甚至转念想去信奉伊壁鸠鲁学派呢！

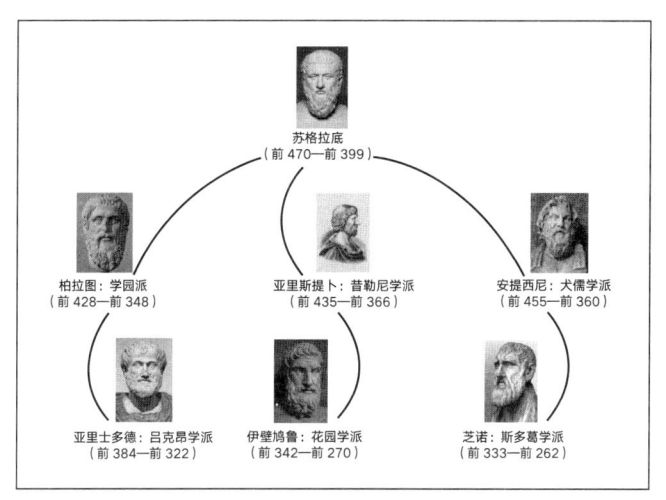

图A-1　古希腊主流哲学学派之间的历史与概念关系，及它们同苏格拉底思想的不同之处。来源：高登《网络哲学百科全书》(*Internet Encyclopedia of Philosophy*)"现代道德观与古代伦理学"一章中图表1

苏格拉底主义：我们主要（但并非全部）是从早期的《柏拉图对话录》（比如《拉刻篇》《卡尔弥德篇》《普罗泰戈拉篇》）中，了解苏格拉底的教导。他是主张由伦理获得美德流派的开山鼻祖，认为智慧是主善（Chief Good），是唯一永远向善的东西。因为一个人只有拥有了智慧，才能妥善利用身边的一切。苏格拉底认为，道德的首要任务是检验我们的生活，而理性是进行这项任务的最佳向导。正确的行为带来幸福的生活，而无知或 amathia 则会导致邪恶（换句话说，没有人想故意做坏事）。

柏拉图主义（学园派）： 柏拉图在他后期的对话录中，一直与苏格拉底主张的中心思想保持一致（主要是"幸福生活是对美德的实践"这一点），在此基础上添加了形而上学的概念，并通过他著名的理念论（theory of Forms）对苏格拉底的观点进行了重塑。在理念论中，抽象化、理想化的"善"超越了一切其他形式的善。他最终将个人需求置于社会需求之下，正如《理想国》一书所述，理想的国度能反映出三种不同的人类灵魂，而哲学家自然是统治者——正如理性统治个体灵魂中"勇气"和"欲望"两个部分。

亚里士多德学派（漫步学派、吕克昂学派）： 亚里士多德同样认为，人生的意义在于通过对美德（他认为有 12 种）的实践获得美好生活。在他看来，世间万物都有其固有的功能，人类也一样：我们的固有功能就是运用理性，因此，过上幸福生活的途径就是充分运用我们的理性。但是，我们也需要一些身外之物，例如支持我们的家人、稳定的社会环境、一定程度的教育、健康、财富，甚至姣好的容貌。还有一点很关键，是否能过上美好生活并不完全依赖于这些媒介，我们还需要一点运气（比如有利的环境）。

昔勒尼学派： 昔兰尼的亚里斯提卜是苏格拉底的弟子中第

一个实施收费教学的。对他来说，人生的主要目标不是长期的幸福，而是享受每时每刻肉体上的欢愉。为了达成这一目标，一个人需要实际的美德，但美德只是追求欢愉的工具。当然，我们不能简单地将昔勒尼学派信徒定义为一群对性、毒品、摇滚着迷的人，而应该把他们看作"觉醒享乐主义"的追求者。正如亚里斯提卜所言："我拥有，但我没有迷失自己。"想要在保持开心的同时处理好每一种情况，自控十分重要。

伊壁鸠鲁学派（花园学派）： 伊壁鸠鲁也教导人们生活就是增添愉悦、（特别是）减少痛苦。但是，伊壁鸠鲁的享乐主义比昔勒尼学派的享乐主义要成熟得多（尽管后来基督徒为了铲除异己学说，对其进行诋毁，并且颇有成效）。一方面，伊壁鸠鲁学派的快乐包括了精神上的欢愉，并认为其优于肉体上的欢愉，而且幸福也不是一时之念，而是一生的追求。另一方面，伊壁鸠鲁学派的快乐包括将自己从偏见中解脱出来（尤其是宗教偏见），掌控自己的欲望，过上朴素的生活，以及培养友情。还有一个关键点应当注意，伊壁鸠鲁还劝告人们退出社交和政治生活（因为这两者更可能给人们带来痛苦，而不是快乐）。

犬儒学派： 犬儒学派的创始人——雅典的安提西尼认为，作为实用智慧的美德，不仅是过上幸福生活的必要条件，也是充分条件。这也是为什么犬儒主义者将苏格拉底本来十分节俭的生活发挥到了极致。想想安提西尼的学生——锡诺普的第欧根尼，就是那位大名鼎鼎的住在木桶里、以乞讨为生，对社会习俗嗤之以鼻的犬儒学派信徒。许多斯多葛派信徒都很欣赏犬儒学派信徒，我们的朋友爱比克泰德更是在他的《论说集》3:22中花了整整一章的篇幅赞扬犬儒学派。就像他说的，如果你无法成为一名犬儒学派信徒，至少试试成为一名斯多葛派信徒。

斯多葛学派：斯多葛学派的创始人——腓尼基的芝诺，最开始是跟着犬儒学派信徒克拉特斯（第欧根尼的弟子）学习的哲学。现在读者们应该知道，斯多葛派处在亚里士多德学派和犬儒学派的中间地带，又同时与伊壁鸠鲁学派势不两立。斯多葛学派同意犬儒学派的观点，认为美德既是幸福的必要条件，也是充分条件，但同时也认可漫步学派对身外之物中利益的主张。斯多葛派将其划分为可取的无关紧要之物、不可取的无关紧要之物，而我们可以在不损害正直品格的前提下，对其展开追求或规避。

总而言之，以苏格拉底为起点，各学派得到了很好的发展和衍生：柏拉图与亚里士多德的分支仍然坚持苏格拉底的幸福论，但是柏拉图却转向了神秘（理念论、理想国），而亚里士多德则转向了实用（部分身外之物是追求幸福生活的必要条件）。昔勒尼学派和伊壁鸠鲁学派这一分支放弃了美德中心论，转而投入快乐－痛苦二分法。这两个学派的关键区别在于，昔勒尼学派只注重肉体即时的欢愉，而伊壁鸠鲁学派则更看重理智层面的快乐和持续终生的快乐。（我们可以在约翰·穆勒和当代功利主义的道德观中，看到类似的哲学思想。）最后，犬儒学派和斯多葛学派这两个分支，与苏格拉底哲学中美德至上的理论紧密贴合，只不过犬儒学派选择了苦行，而斯多葛派信徒则制订了一套详细的方案，重新找出（并权衡）了大多数人所渴求的身外之物。这两个学派在基督教的发展史中都产生了巨大的影响。

致　谢

　　本书源于我多年前开展的一场个人精神、哲学、智慧之旅，途中经历了不少坎坷，不过我相信这场旅行不会因此而结束。许多人直接或间接在旅途中助了我一臂之力，因此我想在这里致以谢意：感谢我的高中哲学老师恩里卡·基亚罗蒙特，是她在我心中播下热爱哲学的种子，这颗种子也在经过四分之一个世纪后最终开花结果；感谢梅丽莎·布伦尼曼，因为她的支持，我做出了转职成为哲学从业者这一疯狂的决定；感谢科琳娜·考拉托尔，她从我践行斯多葛派哲学伊始就陪伴在我身边，哪怕我的行为有时候会对她造成困扰；感谢我在纽约城市大学的同事们，他们支持我用自己独特的方法研究哲学；感谢斯多葛周和斯多葛大会（STOICON）活动的诸位幕后成员，他们让我发现了斯多葛派学说，并给予我许多帮助；感谢我的斯多葛信徒伙伴格里格·洛佩兹（他也是佛教徒），他教了我许多有关伊壁鸠鲁、奥勒留和塞涅卡的思想；感谢我的代理高木蒂赛，她从我决定创作这本书开始便十分上心，并一直给我提供宝贵的建议；感谢基础读物出版社（Basic Books）的编辑T.J.凯莱赫，每次我们合作，他都以专业的态度鞭策着我；最后，感谢我十分认真的文字编辑辛迪·巴克。

图书在版编目（CIP）数据

哲学的指引 /（意）马西莫·匹格里奇著；崔知名译 . -- 北京：北京联合出版公司 , 2023.6
ISBN 978-7-5596-5640-7

Ⅰ . ①哲… Ⅱ . ①马… ②崔… Ⅲ . ①斯多葛派－哲学理论－通俗读物 Ⅳ . ① B502.32-49

中国国家版本馆 CIP 数据核字 (2023) 第 062464 号

北京市版权局著作权合同登记 图字：01-2023-0996
HOW TO BE A STOIC: USING ANCIENT PHILOSOPHY TO LIVE A MODERN LIFE by MASSIMO PIGLIUCCI
Copyright © 2017 BY MASSIMO PIGLIUCCI
This edition arranged with Louisa Pritchard Associates & The Science Factory through BIG APPLE AGENCY, LABUAN, MALAYSIA.
Simplified Chinese edition copyright:
2023 Beijing Guangchen Culture Communication Co., Ltd
All rights reserved.

哲学的指引

作　　者：[意] 马西莫·匹格里奇
译　　者：崔知名
出 品 人：赵红仕
出版统筹：慕云五　马海宽
项目监制：王　鑫
策划编辑：高　锋　李楚天
责任编辑：周　杨
装帧设计：李　一
营销推广：林亦霖

北京联合出版公司出版
(北京市西城区德外大街 83 号楼 9 层　100088)
北京联合天畅文化传播公司发行
北京中科印刷有限公司印刷　新华书店经销
字数 136 千字　880 毫米 ×1230 毫米　1/32　7.5 印张
2023 年 6 月第 1 版　2023 年 6 月第 1 次印刷
ISBN 978-7-5596-5640-7
定价：59.00 元

版权所有，侵权必究
未经许可，不得以任何方式复制或抄袭本书部分或全部内容
本书若有质量问题，请与本公司图书销售中心联系调换。电话：010-64258472-800